PROJETO GAIA 2012

HWEE-YONG JANG

PROJETO GAIA 2012

As grandes mudanças pelas quais passará a Terra

Tradução:
DENISE DE C. ROCHA DELELA

Editora
Pensamento
SÃO PAULO

Título original: *The Gaia Project 2012: The Earth's Coming Great Changes.*

Publicado originalmente em inglês por Llewellyn Publications, Woodbury, MN 55125 – USA.
www.llewellyn.com

Publicado originalmente em coreano como *Gaia Project*.

Dados Internacionais de Catalogação na Publicação (CIP)
(Câmara Brasileira do Livro, SP, Brasil)

Jang, Hwee-Yong
Projeto Gaia 2012 : as grandes mudanças pelas quais passará a Terra / Hwee-Yong Jang ; tradução Denise de C. Rocha Delela. -- São Paulo : Pensamento, 2008.

Título original: The Gaia project 2012.
Bibliografia.
ISBN 978-85-315-1553-8

1. Ano 2012 Era Cristã 2. Fim do mundo
3. Curiosidades e maravilhas I. Título.

08-08111 CDD-001.9

Índices para catálogo sistemático:
1. Projeto Gaia 2012 : Profecias : Conhecimentos controvertidos 001.9

O primeiro número à esquerda indica a edição, ou reedição, desta obra. A primeira dezena à direita indica o ano em que esta edição, ou reedição, foi publicada.

Edição	Ano
1-2-3-4-5-6-7-8-9-10-11	08-09-10-11-12-13-14-15

Direitos de tradução para o Brasil
adquiridos com exclusividade pela
EDITORA PENSAMENTO-CULTRIX LTDA.
Rua Dr. Mário Vicente, 368 — 04270-000 — São Paulo, SP
Fone: 2066-9000 — Fax: 2066-9008
E-mail: pensamento@cultrix.com.br
http://www.pensamento-cultrix.com.br
que se reserva a propriedade literária desta tradução.

Agradecimentos

Em primeiro lugar, eu gostaria de agradecer àqueles que se esforçaram para concretizar este livro, inclusive Mira Tyson e a minha filha, Christine, que participou da tradução. Estendo essa gratidão à equipe da Llewellyn Publications – especialmente a Nanette Peterson, Brett Fechheimer, Kevin R. Brown e Steffani Chambers –, pelo apoio e empenho incansáveis. Também sou grato a Joon Sik Park, Jin-Woo Kim e Min Kyung Sung pelo auxílio na revisão e edição do manuscrito, assim como às pessoas que me ajudaram a escrever a versão original, em coreano.

Além disso, quero expressar o meu muito obrigado a vários seres, especialmente à Consciência da Terra, que me ajudaram a escapar do lodo do esquecimento e restaurar o meu estado original. Também sou profundamente grato a todos os seres da Terra, que empreendem uma longa viagem juntos para a "Unidade", e sinceramente espero que eles percebam, durante este breve período que lhes resta na Terra, que nós todos nos originamos da mesma fonte.

Sumário

Prefácio

Todo mundo passa por reviravoltas na vida. Eu passei por muitas, mas a maior delas aconteceu quando eu estava com quase 50 anos. A minha vida deu uma guinada, mudou de rumo e passou a ter outro significado.

Depois de viver uma vida estável e bem ajustada neste mundo material, sem muita dificuldade, um problema cardíaco repentino fez o meu mundo ruir durante o verão de 1996. O choque que isso representou me fez questionar as minhas prioridades e os meus valores na vida, e reacendeu em mim a confusão que eu sentira na adolescência com relação ao sentido da vida e às suas origens. Eu estava desesperado para encontrar um meio de fugir dessa confusão e desassossego, e essa busca acabou me levando, no início do outono de 1997, à prática da meditação e de outros métodos ligados à respiração. Esse curso de ação mudou a minha mente e o meu corpo de maneira profunda, e por fim me levou a escrever este livro.

Depois que comecei a praticar *gi*, um termo que se refere à energia natural que compõe o universo, os meus *hyeols*, que são pontos do corpo suscetíveis à acupuntura, começaram a se abrir.

Eu comecei a sentir o *gi* que circundava meu corpo e sutilmente passei a perceber que essa energia devia ser a base fundamental do meu ser, muito mais do que o meu corpo físico. Ao reconhecer o mundo invisível pela primeira vez na vida, eu medi vários níveis de energia usando uma varinha em L, o instrumento habitualmente usado para detectar veios d'água subterrâneos. Isso me ajudou a entender melhor a consciência humana e os níveis de consciência. Enquanto a energia do universo é irradiada para o meu corpo continuamente, a minha mente permanece num estado de paz contínuo e incondicional. Eu não desejei mais a fama e a fortuna, e perdi praticamente todo o apego às posses materiais.

Comecei a escrever *What We See Is Not the Only Truth* durante o outono de 2000, esperando que a compreensão do mundo energético levasse os leitores a sentir uma mudança significativa em sua consciência. O livro foi publicado no ano seguinte e eu inaugurei o meu website, www.fortruth.net, também por volta dessa época. Tanto o livro quanto o site me levaram a conhecer muitas pessoas que também se interessavam pela espiritualidade.

Essas interações com pessoas espiritualizadas me fizeram compreender o mundo invisível de maneira ainda mais precisa e concreta. Eu comecei a entender como o *gi* é dirigido pela mente e como as capacidades espirituais se manifestam. Até comecei a entender outros fenômenos associados ao *gi* – inclusive aparições, possessão e o mundo espiritual depois da morte. Como conseqüência dessas várias experiências incomuns, eu compreendi a conexão entre as vidas passada e presente. Com regressões a vidas passadas, que experimentei praticar com outras pessoas, o conceito de reencarnação também ficou mais claro. A pergunta básica – "O que estou fazendo aqui?" – foi respondida pelas mensagens transmitidas dessas variadas formas, assim como pelo meu próprio processo contínuo de despertar. Foi então que a sensação da "Grande Mudança" da Terra começou a arder dentro de mim.

À medida que a verdade sobre a vida, a Terra e todo o universo – que estava envolta numa densa névoa até então – começou a se revelar, suspirei e perguntei a mim mesmo, “Parece que o mundo real é muito simples de explicar. Por que os seres humanos só perceberam isso agora?” Até o final deste livro, vou deixar bem claro o destino deste mundo. E eu sei muito bem o efeito que este livro vai causar e o impacto que terá sobre as pessoas da Terra.

Quando eu estava escrevendo *What We See Is Not the Only Truth*, minha maior preocupação era convencer um grande número de pessoas sobre a existência do mundo invisível e explicar o mundo da energia de maneira fácil e sistemática a essas pessoas. Contudo, em retrospecto, percebo agora que o meu primeiro livro era um tanto óbvio demais: não porque eu esperasse que a maioria das pessoas fosse aceitar os conceitos do livro com uma facilidade natural, mas porque, com relação a este novo livro, *What We See Is Not the Only Truth* era uma obra cujo entendimento e aceitação pelo público em geral eram muito mais prováveis. Para as pessoas que passaram a vida inteira sem jamais ter a curiosidade de saber por que estão vivas, este novo livro – que oferece um claro retrato dos seres humanos, da Terra e do universo – também pode ser considerado “uma bobagem”.

O conteúdo desta obra vai muito além dos conceitos e do conhecimento estabelecidos, e os leitores que não conhecem os textos do meu website podem se sentir confusos a princípio. Não apenas aqueles que desconhecem completamente o mundo energético, mas também as pessoas religiosas ou espiritualistas que já têm certa familiaridade com conceitos como *gi*, meditação, alma, espíritos, o mundo espiritual, clarividência, percepção extra-sensorial, vidas passadas e reencarnação também poderão ficar perplexas. Os leitores que já conhecem o mundo invisível das energias muito bem, que aceitam a existência de extraterrestres e discos voadores e que já leram muitos livros espiritualistas, poderão sentir a mesma perplexidade.

Durante um curso em Los Angeles, no final de 2004, eu apliquei a técnica de regressão a vidas passadas em muitas pessoas ansiosas por conhecê-la. Todas elas, sem exceção, passaram a se ver numa vida em Sirius, a estrela mais brilhante do céu noturno. Cenas vívidas dessa existência em Sirius surgiram diante delas tão nitidamente como se as vissem numa tela de cinema. Elas também sentiram a minha presença ao lado delas nessa estrela.

Compreensivelmente, essas pessoas ficaram assombradas e em estado de choque, pois eram empresários e donas de casa comuns, sem um conhecimento mais profundo do mundo espiritual. Fiquei sabendo mais tarde que elas compararam as imagens vistas, travaram uma longa discussão a respeito e levantaram a suspeita de que eu talvez tivesse de algum modo manipulado a todos para que vissem essas imagens.

Um choque semelhante pode ocorrer a qualquer um que leia este livro. Alguns leitores podem ficar atordoados ou perplexos, porque a informação que este livro traz é muito diferente do conhecimento que se tem do mundo. Podem ficar surpresos, principalmente quando lerem sobre o extraordinário plano cósmico chamado "Projeto Gaia" e sobre a história nova e completa da Terra que este livro apresenta. Talvez alguns possam suspeitar de que o conteúdo deste livro é mero fruto da minha imaginação. No entanto, apesar do que os leitores possam inicialmente pensar, tudo neste livro aos poucos se revelará como a mais pura verdade, e num futuro próximo as pessoas começarão a aceitar que ele traz uma mensagem especial.

Se você se sentiu atraído por este livro, eu recomendo que o leia várias vezes. Independentemente do seu estilo de vida, das crenças religiosas que possa ter ou dos textos sagrados que considere verdadeiros, eu quero deixar bem clara aqui a importância de se compreender este livro. Eis a verdade do universo apresentada a todas as pessoas da Terra, em preparação à Grande Mudança.

Hwee-Yong Jang
Incheon, Coréia, Terra

Quando iniciei este livro...

Quando eu era garotinho, certa vez presenciei a limpeza do poço no quintal da frente de casa. Meu pai, achando que o nível de poluição do poço não era mais aceitável, decidiu contratar alguns homens para limpá-lo. Eles começaram a limpeza tirando toda a água do poço em baldes, um de cada vez. O poço dava a impressão de estar sempre cheio, mesmo nos períodos de estiagem, mas o fundo começou a ficar à mostra depois que os homens começaram a tirar alguns baldes de água.

Um deles entrou no buraco vazio e voltou com sapatos, papéis, escovas de dente e outros objetos variados que tinham sido jogados no poço ao longo dos anos. Ao observar o homem sendo içado por uma corda, senti uma vontade enorme de fazer o mesmo e entrar no interior do poço. Depois de muito insistir, consegui permissão para entrar. Entrei no balde e os homens me baixaram cuidadosamente até o fundo do poço.

A limpeza já estava completa e o poço satisfatoriamente limpo, apenas com algumas poças de água limpa aqui e ali. Dentro do poço, senti como se estivesse de férias às margens de um riacho. Catei pedregulhos, esfreguei o musgo que nascia entre as pedras e me diverti. Passados alguns instantes, levantei a cabeça e vi a grande muralha de pedra que se erguia à minha volta e o pequeno círculo de céu azul lá em cima, na entrada do poço. De repente, tive uma sensação esmagadora de confinamento, opressão e medo. Gritei para que me tirassem do poço e os homens atenderam ao meu chamado.

"Sapos num poço" é uma expressão bem conhecida na Coréia que se refere à percepção limitada de um mundo muito maior. O sapo que nasce num poço só conhece a vida nesse poço e nunca suspeita que exista alguma coisa fora dali que ele não possa perceber. Imagine que esse sapo seja intuitivo e tenha o dom do sexto sentido. Ele poderá contar histórias sobre o mundo fora do poço, mas os seus amigos sapos provavelmente duvidarão das suas afirmações extravagantes. E até os sapos que de fato pressentem a existência de um mundo maior talvez se sentissem subjugados pela sua realidade imediata e por incertezas sobre questões que não poderiam experimentar fisicamente – portanto seriam, em sua maioria, persuadidos pelos outros sapos a ignorar tais impraticabilidades.

Até os dias de hoje, os seres humanos insistem em pensar e compreender da mesma maneira – como se fossem sapos num poço. Apesar da globalização, do transporte rápido e da comunicação em alta velocidade, ainda existem pessoas que moram a vida inteira na mesma cidadezinha e acreditam que as pessoas de fora da cidade são de algum modo diferentes. As pessoas que nunca tiveram contato com o mundo exterior podem até acreditar que os povos de outras raças têm órgãos internos diferentes ou suspeitar que o sangue deles não é vermelho. E até as pessoas que compreendem a tendência humana para ser como sapos num poço têm as suas percepções limitadas pelos cinco sentidos e sentem, em geral, uma grande relutância em aceitar novos conceitos e novos fatos.

É verdade que vários campos da ciência – especialmente a teoria quântica e a astrofísica, que estudam desde a partícula mais microscópica até os astros mais descomunais – ajudaram as pessoas a superar as suas tendências conservadoras. Durante o último século, a astronomia e a astrofísica nos supriram com um grande fluxo de conhecimento novo e interessante, e mudaram a visão do grande público com relação ao universo. Em conseqüência disso, os seres humanos estão agora perfeitamente cientes de que tanto o Sol quanto a Terra não passam de grãozinhos de areia comparados ao tamanho de todo o universo.

No entanto, essa expansão da consciência tem sido, na maioria dos casos, superficial e, na verdade, o público não pensa de modo muito diferente das pessoas da Idade Média, que acreditavam que todo o universo girava em torno da Terra. Como aqueles que achavam que o Sol gira em torno do nosso planeta, nós ainda temos a mesma mentalidade egocêntrica e voltada para o ser humano. Por exemplo, se pensarmos de maneira racional, não existe nenhuma possibilidade de que as formas de vida se limitem à Terra neste universo infinito, mas para a maioria das pessoas esse ainda é um fato difícil de engolir. Embora haja ÓVNIS, neste mesmo instante, sendo filmados, fotografados e vistos a olho nu, a grande maioria das pessoas ainda nega a sua existência. Mesmo aquelas que a admitem podem ainda imaginar que os alienígenas tenham formas monstruosas.

Alguns podem argumentar que não surpreende o fato de que as pessoas tenham preconceitos e uma compreensão limitada do mundo, em vista da sua condição humana. Contudo, quando elas acreditavam que o Sol girava em torno da Terra, essa compreensão limitada não era problema, pois na época ninguém era capaz de construir foguetes e viajar pelo espaço. Quando as pessoas achavam que além do horizonte havia um despenhadeiro que dava no inferno, isso não era problema, pois ninguém ainda podia navegar até países distantes. Nenhuma dessas crenças causava dificuldades ou desconforto na vida cotidiana dessas pessoas. Contanto que os seres humanos não precisem viajar pelo espaço ou se comunicar com seres extraterrestres, pensar como um sapo num poço também não causará nenhum desconforto.

A humanidade chegou agora num ponto muito especial da história. Um período diferente de qualquer outro do passado, em que precisamos entender a nossa vida e o nosso mundo com precisão. Até agora, as nossas informações limitadas e os preconceitos profundamente arraigados possibilitaram que ignorássemos a verdade e as leis do universo, pois isso não impedia a nossa busca pela felicidade nem representava um obstáculo na nossa vida diária. Contudo, estamos agora num momento decisivo, em que permanecer convenientemente de olhos vendados não é mais aceitável. É hora de a humanidade dar um basta à ignorância que conservou por tanto tempo acerca de si mesma e do universo. Se não fizermos isso, é possível que o sentido da vida se perca. Na realidade, os seres humanos estão agora diante da virada mais crucial da história.

Este livro trata de um monumental projeto cósmico chamado "Projeto Gaia". Esse Projeto é um plano numa escala sem precedentes até no universo ilimitado, e a Terra é o centro desse plano. Ele inclui a formação inicial e a mudança final do planeta, que é chamada neste livro de a "Grande Mudança" da Terra. Embora sejam discutidos em detalhes o propósito fundamental, o processo e a influência do Projeto, o ponto principal deste livro é a sua etapa final: a Grande Mudança, que se processa em larga escala. Esta obra explica por que a Grande Mudança, que a maior parte das pessoas pode considerar catastrófica ou o final dos tempos, está acontecendo, e explica que alterações acompanharão essa Grande Mudança e pelo que a humanidade passará e o que aprenderá nesse ínterim. Para saber como este livro foi escrito e como as informações aqui apresentadas foram recebidas, consulte o capítulo Nove.

Lendo este livro e adquirindo a compreensão do que está ocorrendo agora neste planeta, as pessoas – inclusive você – podem se preparar para as mudanças vindouras. Em outras palavras, quando elas começarem a aceitar com a mente aberta os fatos esclarecidos neste livro, a compreensão que têm da vida, da Terra e do universo se expandirá radicalmente e elas serão capazes de aceitar as mudanças externas com um sentimento de paz e até mesmo de alegria, por estarem juntas durante as festividades cósmicas do nosso planeta.

Nesse sentido, este livro pode ser considerado um resumo do Projeto Gaia e a obra que esclarece a origem e a natureza da Terra e dos seres humanos do ponto de vista cósmico. Também, será uma leitura obrigatória para todos os que passam por mudanças extraordinárias; ou seja, um manual para a Grande Mudança da Terra.

PARTE UM

O PROJETO GAIA

Introdução à Parte Um

Quase todos os fenômenos que ocorrem na Terra ou no Universo são considerados acidentais ou fortuitos. Essa idéia elimina toda possibilidade de que possa haver alguma intenção ou propósito por trás desses fenômenos. Os desastres naturais, como erupções vulcânicas, terremotos e furacões, são considerados fatos acidentais, e a formação tanto da Terra quanto do Sol também costuma ser considerada dessa maneira. Em outras palavras, as pessoas costumam acreditar que a natureza não tem uma "razão de ser".

Teorias mais recentes, como a teoria do caos e dos fractais, afirmam que existem certas leis que regem até os fenômenos aparentemente casuais ou aleatórios, o que indica a possibilidade de haver intenções ocultas por trás desses fenômenos. Os cientistas modernos, entretanto, rejeitam a idéia da existência de um ser superior que controle a natureza, inclusive acontecimentos como mudanças climáticas e manchas solares, na tentativa de se distanciar das crendices populares e da religião. Embora os cientistas tentem encontrar a fórmula, ordem ou sistema que produz certos fenômenos, eles não percebem a possibilidade de que esses sistemas possam ser criados ou alterados por uma determinada razão. Quer dizer, com base em análises e estimativas de certos fenômenos, a ciência moderna pode ter encontrado ordem até certo ponto, mas parece estar longe de encontrar causas fundamentais e finalidades.

De acordo com as explicações da ciência moderna, a Terra e todas as formas de vida foram criadas por acaso e desde então foram se desenvolvendo aos poucos. Os cientistas acreditam que os seres humanos, o mais alto grau de forma de vida deste planeta, foram criados da mesma maneira e também têm evoluído desde então. Por outro lado, existem religiões que insistem na idéia de que tudo foi criado pela providência divina. Contudo, devido à falta de sistematização e racionalidade, essa insistência religiosa não é nem convincente nem aceitável aos olhos dos descrentes.

Como todo o universo, porém, foi criado e desenvolvido pela consciência da Origem, existe uma intenção ou razão por trás de todo fenômeno que ocorre no universo. Ao contrário do que a maioria das pessoas pensa, não existem fenômenos que ocorram acidentalmente ou por obra do acaso. Quando as pessoas chamam um fenômeno de "natural" estão apenas querendo dizer que lhes é impossível determinar a razão ou intenção por trás dele. O Projeto Gaia, segundo o qual um planeta especial foi criado e transformado intencionalmente, mostra claramente como o universo funciona.

Na Parte Um, eu apresento primeiramente um esquema do Projeto Gaia, no qual exponho o seu propósito e as suas etapas e características. Também explico detalhadamente a última etapa desse Projeto – isto é, a Grande Mudança da Terra. Além disso, ainda examino o papel dos guias enviados à Terra em missões relacionadas ao Projeto.

CAPÍTULO UM

O Esquema do Projeto Gaia

O nome "Projeto Gaia" (ou simplesmente "o Projeto") pode parecer muito estranho à maioria dos leitores que não visitaram o meu website nem leram trechos dos meus "Registros de Meditação". A palavra "Gaia" apareceu pela primeira vez na mitologia grega, em referência à deusa da terra, e posteriormente ao planeta Terra, como organismo vivo capaz de se auto-regular. Qualquer um que conheça o significado do termo pode supor que o Projeto Gaia seja uma espécie de projeto espacial relacionado à Terra, mas logo se perguntar, "Que bobagem é essa que ele está falando?"

Até hoje, o público em geral nem ao menos reconheceu a possibilidade de que existam em outros planetas formas de vida altamente desenvolvidas, semelhantes ao seres humanos. Quando as pessoas ouvem dizer que o universo está empenhado em mudar e reciclar a Terra e lêem sobre uma operação cósmica gigantesca relacionada ao nosso planeta, elas podem achar que se trata de uma notícia falsa ou mera ficção científica. É difícil para elas aceitar a idéia de que a Terra foi criada com um propósito especial e que funciona sob a supervisão cuidadosa de seres de dimensões superiores. Até as pessoas que aceitam a existência de formas de vida extremamente inteligentes no espaço sideral, provavelmente acham difícil imaginar que existam seres cujas ordens diretas determinam os rumos da Terra. Por essa razão, elas podem supor que o Projeto Gaia seja uma expressão exagerada, estranha e divertida para designar as mudanças significativas pelas quais está passando o planeta.

No entanto, apesar das opiniões populares, existem de fato muitos seres que têm tomado parte, direta ou indiretamente, da operação da Terra desde a sua formação, e existem muitos outros que foram enviados para cá para cumprir missões relacionadas à Grande Mudança. O Projeto Gaia, que inclui todos os planos desde a formação da Terra até a sua ascensão à quinta dimensão, de fato existe. Portanto, se o compreendermos em sua plenitude, não apenas conheceremos a história do planeta e dos seus seres vivos, mas também desenvolveremos naturalmente a nossa visão da espécie humana.

O Projeto Gaia se refere a um plano universal relacionado à Terra, que já está em curso há muitas eras. Para entender melhor esse Projeto, pode ser necessário ter alguns conhecimentos básicos sobre o modo como o universo é constituído e operado. O universo é, em sua maior parte, imaterial e muito diferente da Terra, planeta de matéria, por isso essa descrição ou explicação do universo em linguagem humana não é tarefa das mais fáceis. Os povos da Terra só têm uma idéia muito pálida do que seja o universo. Com esse fato em mente, será apresentada aqui apenas uma breve explanação da constituição e do movimento cósmico. Focando um tema relacionado, o capítulo Sete explica como se originou o "ser" ou a "consciência".

Todas as coisas do universo vibram numa freqüência que lhes é própria. O universo desdobra-se de tal maneira que diferentes mundos com diferentes dimensões coexistem simultaneamente. Diferentemente das noções de dimensões na matemática e na física, uma dimensão no universo indica uma banda de freqüências vibracionais. O universo consiste em dez dimensões, que vão da décima, com as freqüências mais elevadas, até a primeira, com as mais baixas.

Todas as coisas e criaturas do universo pertencem a uma única dimensão. Tudo no universo é orquestrado pela vibração da décima dimensão, cuja freqüência é elevada o suficiente para conter toda a informação do universo. À medida que as freqüências se afastam da origem do universo, elas vão baixando e adquirindo funções mais simples. Mesmo dentro da mesma dimensão existem freqüências diferentes, e por isso cada dimensão, por sua vez, pode ser subdividida em camadas. Essas diferenças na dimensão causam variações em termos de funções, propósitos e modos de existência, e pode-se dizer que a ordem básica do universo está pautada nas dimensões, ou freqüências.

Existem aproximadamente setecentas galáxias no universo. Esse número é muito diferente do estimado pelos astrofísicos – dez milhões de galáxias. Essa diferença decorre do fato de que as estrelas, as galáxias e o universo que os cientistas modernos observam são muito diferentes do quadro real. Os equipamentos de observação usados pelos cientistas percebem a luz e as ondas como pertencentes unicamente ao domínio material, de modo que os mundos que eles reconhecem são diferentes dos do universo, que em sua maior parte pertence ao domínio não-material. Portanto, existe naturalmente uma imensa lacuna entre o número de galáxias estimado pelos cientistas e o número revelado aqui.

Cada galáxia tem os seus próprios princípios de formação e sistemas operacionais, assim como as suas próprias regras. Cada galáxia, administrada pelos seres da oitava ou da nona freqüência dimensional, é composta de diversas dimensões e compreende muitas estrelas de características diferentes. Cada estrela tem uma determinada freqüência dimensional, com funções e missões únicas. Por exemplo, certa estrela serve como quartel-general de determinada galáxia, enquanto outra serve com um local de aprendizagem ou como uma biblioteca para certo nível do universo. Um aglomerado de estrelas pode se compor de estrelas com dimensões semelhantes ou diferentes.

Na décima dimensão, que tem a vibração de mais elevada freqüência, existem cinco seres da origem do universo, chamados neste livro de "primeiras consciências do universo", "as consciências da Origem", "os seres da Origem" ou, simplesmente, os seres decadimensionais. Eles não estão numa estrela, em particular, mas espalhados pelo universo, em todos os tempos, na forma de luz.

O relacionamento entre os cinco seres da Origem assemelha-se a uma fraternidade ou irmandade. Já que cada um deles possui características e qualidades relativamente diferentes, os papéis que desempenham também variam.

A primeira Origem, representada pela cor azul, tem uma energia predominantemente masculina e é caracterizada pela expansão e progressão. A segunda Origem, de cor magenta, tem uma energia predominantemente feminina e se caracteriza pelo cuidado, pela harmonia e pela intercomunicação entre os seres. A terceira Origem, de um tom suave de cor turquesa, tem a energia mais calma e tranqüila das cinco Origens, e é caracterizada pela pureza, senso de justiça, coerência e inteireza. O Projeto Gaia foi concebido e colocado em prática por esse ser da Origem. A quarta Origem, dourado sólido, é caracterizada pela construção, realização e especificação. A quinta Origem, de um preto infinito, é caracterizada pela calma, a quietude e a reflexão. Os seres que um dia encarnaram como Buda e Cristo foram, ambos, criações desse ser da Origem.

Ao contrário dos seres da Origem, todos os outros seres vivem numa estrela em particular. Cada um deles reside numa estrela, com uma freqüência apropriada a vários propósitos. Como mencionei anteriormente, alguns seres recebem a incumbência de administrar uma estrela ou galáxia, ou de desempenhar certas funções; outros podem simplesmente viver numa estrela para passar por experiências e aprender. No entanto, não existe o caso de um ser permanecer num só lugar permanentemente. Depois que uma missão é cumprida ou uma experiência é vivenciada, os seres se mudam para outra estrela ou planeta.

Dentro de uma galáxia, é possível passar ou viajar de uma estrela a outra sem restrições, desde que elas estejam na mesma dimensão. Mas a passagem para um mundo dimensional diferente costuma ser impossível. Em algumas estrelas, seres de dimensões diferentes podem coexistir com o auxílio de equipamentos especiais que reajustam freqüências. De modo semelhante aos controles de migração da Terra, a viagem de uma estrela a outra requer que os seres atravessem um portal estelar, e a passagem de uma galáxia a outra exige que se passe por um portal de controle mais severo ainda. Como o livre-arbítrio de todos os seres é considerado uma prioridade, cada operação reflete a vontade dos seres em questão. Contudo, não importa em que galáxia ou estrela eles estejam, os seres têm de seguir regras.

Pelo fato de passarem por processos de nascimento e experiências únicas, os seres têm freqüências, capacidades e características diferentes. Aqueles com freqüências e características semelhantes normalmente vivem na mesma estrela. Cada estrela tem as suas próprias regras e sistemas, e só deixam de ter um governo independente se as regras da sua própria galáxia ou de galáxias de dimensões superiores forem violadas. Em casos excepcionais, elas podem sofrer a interferência de seres de dimensões superiores. Entre os inumeráveis acontecimentos em curso no universo, existem projetos planejados e executados em todas as galáxias. O Projeto Gaia, que as pessoas da Terra estão agora vivenciando, representa um desses projetos.

Todos os seres do universo vibram, e seres que vibram têm consciência – em outras palavras, têm a capacidade de perceber, seja lá em que medida. Essa capacidade de percepção é determinada pela freqüência do ser. Como qualquer pessoa que tenha estudado a teoria ondulatória sabe, a freqüência vibracional de uma onda determina a quantidade de informação que ela pode conter. Uma freqüência superior tem uma capacidade maior de armazenar informação. Portanto, um ser com um nível de freqüência superior pode conter mais informação e, portanto, tem uma capacidade maior para reconhecer e compreender o mundo.

A freqüência da décima dimensão, que é a freqüência da Origem do universo, tem a capacidade de armazenar toda a informação do universo. Por essa razão, os seres decadimensionais são capazes de perceber tudo o que está acontecendo no universo. Comparados aos seres da décima dimensão, os da nona podem armazenar uma quantidade de informações relativamente limitada, por isso eles compreendem apenas um segmento do universo – por exemplo, tudo sobre certa galáxia ou sobre um lugar que esteja sob o controle do ser. Evidentemente, um ser da oitava dimensão armazena menos informação comparado ao ser da nona, pois a sua freqüência não é tão elevada. A quantidade de informação armazenada pelos seres da sétima dimensão ou da sexta pode ser explicada da mesma maneira: a capacidade de armazenamento diminui rapidamente à medida que vão baixando as dimensões.

O papel representado por um ser naturalmente varia dependendo da sua freqüência e da sua capacidade de armazenar informação. Em geral, quanto mais baixa a dimensão do ser, mais simples são o seu funcionamento e o seu papel. A supervisão de todo o universo só pode ficar a cargo dos seres da Origem, capazes de armazenar toda a informação do universo, enquanto que a administração de certas regiões pode ser delegada àqueles de freqüência inferior.

Os seres da nona dimensão geralmente se ocupam da administração de galáxias e estrelas, e são encarregados do cumprimento da lei e da ordem no universo. Enquanto os seres da décima dimensão estão diretamente relacionados à criação do próprio universo e de todos os seres que o habitam, os seres da nona mantêm o formato estrutural do universo e seguem as suas leis absolutas.

Os seres da oitava dimensão são semelhantes aos da nona em termos de responsabilidades de liderança. No entanto, os seus papéis são ligeiramente mais limitados e específicos. Os seres da sétima dimensão estão normalmente relacionados à construção e criação: engenharia e projetos são realizados dentro dessa dimensão, e a tecnologia específica de criação de estrelas e criaturas, assim como a manutenção ou mudança do ambiente de cada região, é criada e desenvolvida nessa dimensão.

Os seres da sexta dimensão costumam atuar como conselheiros e guias de sociedades e muitas vezes têm capacidade de cura. Os seres da quinta dimensão normalmente atuam como juízes ou são responsáveis pelo cumprimento das leis, mas ocupam menos cargos políticos do que os seres da oitava e da nona dimensão. Os seres da quarta dimensão são especialistas em trabalho de produção e construção concretas – geralmente envolvendo-se de fato em construções, participando do trabalho energético que envolve a criação de uma estrela ou planeta, ou fazendo o que quer que seja necessário no universo. Os seres da terceira dimensão e das inferiores podem ser descritos como os materiais propriamente ditos de que são feitas as criações, atuando como fatores atômicos.

As informações apresentadas são uma descrição muito resumida do que faz cada dimensão, e não existem regras absolutas sobre o que cada ser tem de fazer. No entanto, apesar da hierarquia que existe no universo e dos diferentes papéis das várias dimensões, todos os seres foram criados com um propósito e necessidade, e não existem conceitos como inferior e superior dentro dessa hierarquia ou nesses papéis. Do ponto de vista dos seres da Origem, todos os seres de todas as dimensões são uma parte preciosa da Origem. A Origem só experiencia harmonia interna quando todos os seres desempenham os seus papéis adequadamente.

Os seres das dimensões superiores, inclusive aqueles da décima dimensão, podem, se necessário, aparecer como indivíduos, tais como seres humanos, e fazem isso o mais das vezes por meio do processo de duplicação. Por exemplo, a primeira consciência do universo e outros seres podem encarnar como seres humanos na Terra. Eles geralmente fazem isso duplicando a si mesmos e enviando a sua duplicata (ou Eu Subordinado) para cá. O Eu Superior e o Eu Subordinado são discutidos em detalhes no capítulo Sete.

O relacionamento entre os seres da Origem e os seres das dimensões inferiores, ou o relacionamento entre os seres de diferentes dimensões, pode ser explicado usando-se o exemplo de um corpo humano. Imagine que um ser da décima dimensão é o corpo inteiro e os seres da nona dimensão são partes do corpo; por exemplo, a cabeça e o rosto, o tronco, os braços, as pernas e assim por diante. Visualize os seres da oitava dimensão como os olhos, o nariz e a boca, ou como os pulmões, o estômago e os intestinos.

Imagine seres da dimensão mais inferior – ou seja, da quinta dimensão – como as células do corpo. Todos os seres da nona ou das dimensões inferiores são partes da consciência da Origem. Em outras palavras, todos os seres do universo se originam de uma única fonte e sempre farão parte da Origem. Isso significa que, à medida que cada ser individual se desenvolve, a consciência da Origem se desenvolve também.

Embora todos os seres do universo sejam, na verdade, colegas de trabalho e irmãos seguindo na mesma direção, ocorrem ocasionalmente discórdias entre os membros cósmicos. Aqueles que têm um relacionamento íntimo, como o "rosto" da nona dimensão e o "nariz" da oitava, movimentam-se e funcionam em uníssono. No entanto, entre aqueles que não têm uma relação direta, como o "nariz" da oitava dimensão e o "estômago" dessa mesma dimensão, existe a possibilidade de conflito, pois cada um deles pode achar que o papel que desempenha deve ser considerado prioritário. Portanto, podem ocorrer discórdias e divergências entre galáxias e aglomerados de estrelas, embora elas sejam normalmente resolvidas por meio do debate ou da intervenção de uma dimensão superior.

À medida que o nível de freqüência decresce, a capacidade de armazenar informação se reduz. Isso significa que um ser de uma dimensão inferior pode ter menos consciência da sua conexão com a Origem. Em decorrência disso, a intimidade e o sentimento de conexão com os outros seres e com a Origem podem não ser tão intensos. É por essa razão que graves disputas podem ocorrer com mais freqüência nos mundos das dimensões inferiores do que nos das superiores. Evitar a ocorrência de discórdias e conflitos no universo é a principal motivação para o Projeto Gaia. Quando o Projeto estiver concluído, espera-se que todos os seres do universo tenham progredido significativamente e que não haja mais conflitos ou problemas de larga escala.

Assim como acontece na sociedade humana, seres que violam as regras no universo sofrem sanções. E embora isso aconteça muito raramente, os seres que perturbam a ordem fundamental do universo recebem punições severas, como o rebaixamento da freqüência vibratória.

O Esquema do Projeto Gaia

Todos os seres do universo têm papéis a desempenhar e experiências a adquirir, numa diversidade e harmonia infinitas. No entanto, a familiaridade de alguns seres com relação à Origem e a outros seres – que é o fio que mantém unidos todos os membros cósmicos – não é suficientemente forte. Por causa desse problema, tem havido um aumento considerável nas atividades negativas entre os seres, especialmente nesta galáxia a que pertence a Terra.

Para diminuir a negatividade e aumentar a conexão dos seres com a Origem, um plano em escala sem precedentes foi concebido pela primeira consciência do universo. De acordo com esse plano, um planeta especial com uma energia característica foi criado antes de todos os outros. Depois de um longo processo de amadurecimento da energia, que reduzirá a negatividade e elevará o nível de consciência de todos os seres, a energia especial resultante será disseminada por todas as estrelas desta e de outras galáxias. Esse plano é o chamado Projeto Gaia discutido neste livro.

O Projeto Gaia está diretamente relacionado à Terra, que sempre esteve no núcleo desse projeto. Depois que ele foi concebido há cerca de trinta bilhões de anos pela primeira consciência, os administradores da galáxia foram consultados.

O centro administrativo do Projeto estabeleceu-se em uma estrela, Sirius, em torno de vinte e um bilhões de anos atrás, e esse centro serviu de morada para muitos seres, inclusive a primeira consciência, os administradores de primeiro escalão dessa galáxia e outros seres das dimensões mais elevadas. Por volta de dezessete bilhões de anos atrás, um ser sagrado para o Projeto Gaia, que depois veio a se tornar a própria energia da Terra, foi criado pelo ser da Origem. Depois de determinar o melhor local para o planeta, a Terra foi criada, dez bilhões de anos atrás, com o ser sagrado no local onde ela se encontra hoje.

Depois da criação da Terra, e durante um longo período de cultivo do planeta, não foi permitida a presença de nenhum visitante, para preservar a pureza da energia terrena. Graças aos esforços e cuidados dos membros do Projeto Gaia, a energia terrena amadureceu, floresceu e aos poucos se espalhou pelo planeta, até cobri-lo inteiramente. Contudo, para que a energia amadurecida se espalhasse apropriadamente e impregnasse todas as estrelas e seres residentes nesta galáxia, um ingrediente especial, uma espécie de "vacina", foi produzido para que essa energia se customizasse e se adaptasse a cada estrela.

Para produzir essa vacina, foi necessário reunir todos os seres que representavam a galáxia. Por essa razão, todos os seres que, por um motivo ou outro, sentiam-se atraídos pela Terra receberam permissão para residir no planeta ou visitá-lo, e a Terra tornou-se um centro de aprendizado como nenhum outro no universo. Essa abertura da Terra ocorreu por volta de um milhão de anos atrás. Desde então, nosso planeta tem sido considerado um lugar de aprendizagem, onde os seres se desenvolvem passando por múltiplos ciclos de experiências.

Agora, um milhão de anos depois da abertura do planeta, o processo de produção da vacina está terminando. É hora de colher a energia especial expandindo a consciência de todos os seres nesta galáxia e além, o que pode ser feito combinando-se a vacina com a energia original da Terra. Contudo, antes que esse processo de conclusão principie, todo o planeta – inclusive o mundo energético e o mundo material – precisa passar por uma purificação e limpeza. A energia especial resultante se espalhará, então, pelas estrelas de toda a galáxia por meio dos missionários do Projeto Gaia. Com isso, o projeto sem precedentes que já dura trinta bilhões de anos desde a sua implantação e dez bilhões de anos desde a criação da Terra, será finalmente concluído.

Quando o Projeto chegar ao fim, a Terra deixará de representar o seu papel de local especial para o aprendizado e renascerá como um novo planeta. Quando o processo de purificação começar, a Terra entrará a passos largos numa etapa de tumulto. Detalhes dessa mudança serão explicados no próximo capítulo.

CAPÍTULO DOIS

A Grande Mudança da Terra

Já se passou muito tempo desde que a mensagem de uma grande mudança ou grande catástrofe na Terra foi enviada pela primeira vez à humanidade de diversas maneiras. A mensagem foi transmitida ao mundo todo por meio de lendas ou contos folclóricos de origem desconhecida, e também por intermédio das escrituras das religiões do mundo, que incluem informações sobre uma nova utopia, ou julgamento final para a espécie humana.

O *Sutra Maitreya*, as escrituras do Buda do Futuro, fala de uma grande catástrofe, degeneração e extinção do período sob a lei do Buda, que é o período que antecede o início do reino *Maitreya*. O Apocalipse de São João descreve o dia do juízo final para a humanidade, no final dos tempos. No século 16, Nostradamus, considerado um dos maiores profetas da história da humanidade, predisse que o fim do mundo aconteceria no final do século 20. Edgar Cayce, conhecido como o maior profeta do século 20, também previu uma catástrofe final na Terra. Na Coréia, santos e profetas também predisseram uma catástrofe num futuro próximo e a chegada de obreiros com missões sagradas.

Durante a última metade do século 20, surgiram no mundo todo muitos médiuns capazes de se comunicar com seres do mundo invisível, transmitindo mensagens da iminente grande catástrofe na Terra e sublinhando a importância de se elevar a consciência da raça humana. Um número relativamente grande de pessoas começou a perceber a abertura de seus sentidos espirituais e algumas delas receberam e ainda recebem mensagens de fontes diversas. A mensagem comum a todas elas pode ser resumida da seguinte maneira: *devido aos incessantes comportamentos destrutivos da espécie humana, a Terra está nos seus estertores e, se esse comportamento não acabar já, uma grande catástrofe será inevitável.*

Além disso, a própria Terra começou a dar sinais de alerta a seus habitantes. Algumas pessoas passaram a sentir algo estranho no ambiente do planeta. Vulcões em muitas regiões do mundo entraram em erupção e terremotos têm ocorrido com mais freqüência e numa escala maior que o normal. Cientistas nos dizem que a camada de ozônio da Terra passa por grandes mudanças todos os anos, e que o ritmo em que os *icebergs* da Antártica e do Ártico estão derretendo está se acelerando. Os padrões regulares do clima da Terra dão sinais evidentes de que estão se alterando. Por exemplo, uma mudança dramática no clima, como um dia de nevasca seguido de outro ensolarado e quente, está ocorrendo em muitas regiões, inclusive nas áreas desérticas do Oriente Médio e em lugares como Londres.

Em alguns países, como a Coréia, as pessoas estão perplexas com o fato de as flores da primavera, como as da pereira, começarem a se abrir no início do inverno. Flores como as do umezeiro ou damasqueiro-japonês, da azaléia e da cerejeira, que geralmente florescem em diferentes épocas, estão agora florindo todas na mesma época. Esse tipo de confusão no reino vegetal, muito raro no passado, parece agora estar se repetindo todos os anos em muitos países do mundo.

Desde o início de 2005, as pessoas estão vendo, a olho nu, que o Sol está irradiando uma linda aurora em todas as direções, embora os cientistas ainda não tenham confirmado esse fenômeno. Algumas estão percebendo também uma mudança na Lua. Seja por causa do despertar dos sentidos ou das muitas mensagens que estão sendo transmitidas aos seres humanos, um número cada vez maior de pessoas no mundo inteiro está começando a constatar que algum tipo de grande mudança está a meio caminho.

No entanto, a grande maioria das pessoas ainda não percebeu nenhuma mudança; na verdade essa maioria se recusa até a pensar numa sombria possibilidade como a da Grande Mudança na Terra. Em vez disso, elas preferem afirmar que os recentes e freqüentes movimentos da crosta terrestre e as estranhas mudanças climáticas são fenômenos que aconteceram de tempos e tempos no passado, e que hoje podemos lidar muito melhor com eles graças aos brilhantes avanços científicos e tecnológicos.

Contudo, as pessoas terão muitas oportunidades para perceber os progressos da Grande Mudança da Terra e compreender o verdadeiro significado dessa mudança, seja por meio deste livro ou de outras maneiras. É claro que vai de cada um aceitar ou não a mensagem da Grande Mudança, mas se todos abrirem a mente para tal possibilidade, perceberão, com o decorrer do tempo, a verdade que essa mensagem encerra.

Para ser mais preciso, as mudanças descritas neste capítulo não são na verdade uma descrição do futuro da Terra, mas do plano do Projeto Gaia. O funcionamento do universo não é totalmente mecânico, por isso pode haver desvios nesse Projeto. Não importa o quanto ele tenha sido bem planejado, sempre existe uma leve chance de que as coisas não saiam como o planejado, uma vez que o curso do universo é resultado das mentes e dos feitos coletivos. Por outro lado, um plano universal gigantesco como o Projeto Gaia é preparado e colocado em prática cuidadosamente, desde o esquema geral até os pormenores.

Do ponto de vista de todo o universo, existem alguns seres que estão insatisfeitos com o Projeto Gaia ou até mesmo se opõem a ele, a ponto de fazer manobras com a intenção de interrompê-lo. Ademais, como mencionado no capítulo Sete, as formas-pensamento que serão completamente banidas da Terra pelo processo de purificação também causam, neste momento, um efeito perturbador e desnorteante sobre as pessoas. Mas não existe absolutamente nenhuma chance de que os resultados sejam diferentes do plano original, pois ele foi criado pela primeira consciência e muitos seres das dimensões mais elevadas estão trabalhando direta ou indiretamente nele há muito tempo. Assim, não existe nenhuma possibilidade de que haja uma mudança súbita no plano. A esse respeito, o que está escrito aqui sobre a Grande Mudança pode ser considerado uma descrição do futuro.

Este livro apresenta informações importantes sobre a Grande Mudança, porém, não descreve fatos detalhados da sua progressão. Isso porque nem eu nem ninguém conhece todos os detalhes neste momento e porque, mesmo que essa informação estivesse à nossa disposição, ninguém aqui na Terra precisaria realmente conhecer os detalhes desse plano. A maioria das pessoas tem curiosidade de saber quando e onde vão acontecer explosões vulcânicas, a submersão de massas de terra, desastres climáticos, guerras e a disseminação de doenças misteriosas, pois elas gostariam de se preparar para essas catástrofes. No entanto, como discutiremos posteriormente, todos os planos individuais relacionados à Grande Mudança da Terra já foram feitos por todos os seres e cada um deles, antes de esta vida começar. Portanto, neste ponto, ninguém pode mudar o plano nem haveria razão para isso.

As Duas Etapas da Grande Mudança da Terra

Como mencionado no capítulo Um, o Projeto Gaia é um projeto de larguíssima escala de todo universo, que está em curso há muito mais de dez bilhões de anos. O Projeto pode ser dividido em cinco estágios diferentes para facilitar a compreensão:

Primeiro, foi concebido um plano para desenvolver a energia especial que provocaria um salto na consciência desta galáxia, e estabelecido em Sirius um centro administrativo para apoiar o Projeto. Em segundo lugar, um planeta especial, a Terra, foi criado para o Projeto. Em terceiro, permitiu-se que a energia incomparável do planeta Terra passasse por um processo de maturação que durou dez bilhões de anos. Em quarto lugar, os portais da Terra foram abertos para todo o universo um milhão de anos atrás, e todas as espécies de seres foram convidadas a ficar juntas na Terra. A presença desses seres foi necessária para produzir a energia que serviu de "vacina". Em quinto lugar, depois que o processo de purificação da Terra estiver concluído, a energia original da Terra será disseminada por toda a galáxia e além. A Grande Mudança da Terra, que está em curso agora e relaciona-se à quarta e à quinta etapas do Projeto Gaia, é a mudança básica e gigantesca que ocorrerá na Terra. O Projeto abrange a purificação completa da Terra e a sua ascensão à quinta dimensão.

A Grande Mudança também pode ser dividida em duas etapas distintas. A primeira é a purificação completa de toda a Terra. Desde o início da Lemúria (discutido no capítulo Quatro), a Terra está aberta para o universo e funciona como um lugar especial de aprendizado para todos os seres que vêm para cá. Convidar diversos seres com freqüências e características diferentes para vir à Terra foi absolutamente necessário para a produção da energia da vacina.

A convivência desses seres por um período tão longo proporcionou a todos eles experiências de aprendizagem únicas e marcantes, que não poderiam ocorrer em outra estrela do universo. Por outro lado, várias formas-pensamento e energias emocionais negativas criadas pelas mentes humanas durante esse período contaminaram gravemente a Terra a ponto de atingir níveis insuportáveis. Por isso, é preciso pôr em prática a primeira etapa da Grande Mudança da Terra, ou seja, purificar o planeta e seus habitantes. Essa etapa é essencial para se disseminar a energia terrena para toda a galáxia.

Esse processo de purificação já está em prática desde o início de 2005 e aos poucos seu ritmo se acelerará, com vários fenômenos chocantes, como movimentos inimagináveis da crosta terrestre, mudanças climáticas estranhas, guerras, caos social e doenças misteriosas. O processo acabará no final de 2009, quando o eixo da Terra estará totalmente na posição vertical. Nessa época, o mundo material como o conhecemos agora estará completamente destruído e o mundo invisível, inclusive o espiritual da quarta dimensão, bem como vários mundos subterrâneos, não existirão mais. Só os seres que conseguirem se adaptar às freqüências da quinta dimensão permanecerão na Terra; todos os outros passarão a viver em estrelas condizentes com suas freqüências.

Os leitores poderão se perguntar até que ponto o processo de purificação atualmente em curso é diferente dos grandes eventos ocorridos anteriormente na história da humanidade, como a submersão da Lemúria e de Atlântida (ver capítulo Quatro). Há uma nítida diferença na intensidade dessas mudanças. As grandes catástrofes do passado, que não estavam incluídas no plano original do Projeto Gaia, serviram para provocar o "recomeço" do mundo humano materializado, enviando os povos da Lemúria e de Atlântida de volta para o mundo espiritual. Por outro lado, o processo de purificação atual foi planejado desde o início do Projeto, e fechará completamente a Terra, que serviu de local de aprendizagem durante os últimos milhões de anos. Esse processo de purificação não serve simplesmente para interromper a vida física dos seres do mundo material, mas foi cuidadosamente orquestrado para maximizar o crescimento de cada consciência individual, durante esse período.

Por esse motivo, a Grande Mudança da Terra não ocorrerá por meio do desaparecimento repentino de um grande continente ou império, como aconteceu no caso da Lemúria e de Atlântida. Em vez disso, mudanças graduais de diferentes proporções serão planejadas em fases e se intensificarão cada vez mais durante determinado período. É especialmente importante perceber que a Grande Mudança do planeta Terra não será nem um acidente nem uma forma de castigo do universo; será, isto sim, uma oportunidade para as pessoas despertarem e expandirem a sua consciência. Por exemplo, quando elas começarem a sofrer de doenças misteriosas, perceberão que a medicina moderna, em que a humanidade tanto confia, de nada lhes servirá.

A segunda etapa da Grande Mudança consiste na disseminação da energia terrena concluída a todo o sistema galáctico e a elevação da freqüência da Terra à quinta dimensão, o que alterará para sempre as características do planeta. Embora o esquema da Grande Mudança, inclusive o processo de purificação, tenha sido planejado nos primórdios do Projeto Gaia, a ascensão da Terra à quinta dimensão foi decidida na mesma época da materialização, ou seja, por volta de trezentos mil anos atrás.

Em anos mais recentes, a freqüência vibratória da Terra foi se elevando gradualmente, a um ritmo que ficará cada vez mais acelerado nos próximos anos. Embora a ascensão da Terra se opere por meio de vários processos ao longo de um extenso período de tempo, a freqüência da Terra chegará ao nível do quinto domínio dimensional durante a segunda etapa da Grande Mudança, que vai de 2010 a 2012. A Terra material começará a desaparecer e passará para um estado etérico, assim como era em meados do período lemuriano. Como aconteceu na Lemúria, todos os seres que restarem na Terra voltarão a ser capazes de controlar o corpo etérico usando a mente, e a comunicação telepática substituirá o método impreciso e difícil de comunicação usado atualmente, baseado na oralidade. Além disso, a própria Terra começará a sua longa jornada em direção à estrela Sirius, afastando-se lentamente da órbita do Sol. Esse processo, no entanto, demorará muitos anos para ser concluído.

A decisão de elevar a freqüência do planeta à quinta dimensão tem um significado muito importante para todos os seres da Terra. Aqueles cujas freqüências originais já são da quinta dimensão ou que terão permissão para se elevar a essa dimensão pelo fato de terem passado por aprendizado suficiente, terão a chance de permanecer na Terra ou se transferir para outras estrelas da quinta dimensão. Todos os seres cujas freqüências não forem condizentes com essa nova Terra terão de deixar o planeta. Isto é, todos os seres que não atingirem a freqüência pentadimensional – sejam eles humanos, animais ou vegetais – terão de deixar a Terra e passar a viver em outro mundo.

Desde que foi tomada a decisão relativa à mudança fundamental da Terra, o planeta funcionou como um local de aprendizado e propiciou muitas oportunidades nesse sentido para os seus habitantes. Na verdade, a Terra é um planeta em que os seres podem desenvolver a sua consciência num ritmo mais rápido do que em qualquer outro lugar do universo. Como mencionado nos últimos capítulos, graças aos cinco órgãos sensoriais do corpo físico humano e à energia característica da Terra, todos os seres que estão vivendo no planeta têm a possibilidade de passar por experiências muito vívidas. Essas experiências na Terra material são muito mais eficazes do que as oferecidas em outros locais do universo, e por isso deixam impressões muito mais fortes na memória. Além disso, a Terra é um planeta onde é possível vivenciar, num só lugar, diversos sistemas, idéias e culturas diferentes do universo, pois aqui existem todos os tipos de seres, originários de numerosas estrelas do universo.

A Terra se transformará num planeta completamente novo e começará uma nova história no final de 2012, aproximadamente. A antiga face do planeta, assolado pela violência e pela guerra, será banida e ele renascerá como um novo planeta, em busca de paz, amor e harmonia. A Terra, até agora, tem sido um planeta especial com relação às suas funções e ao seu modo de funcionamento, mas se tornará um planeta típico e comum da quinta dimensão. Porém, para todos os seres que viveram aqui e que serão distribuídos por várias estrelas e planetas do universo, a Terra sempre será lembrada como um planeta muito especial.

Até agora, a Terra tem servido como um campo de treinamento para a auto-aprendizagem por meio de experiências. Toda sorte de seres do universo foram aceitos como estagiários, e esses estagiários descarregam todo tipo de energia emocional impura à medida que passam pelas suas experiências. A Terra aceita e purifica silenciosamente essa energia irradiada de todos os seres. No entanto, sempre que o volume de contaminação ultrapassa a capacidade de purificação do planeta, é inevitável que a Terra tenha de purificar as próprias energias de maneiras incomuns, como estremecendo, sacudindo ou revirando o seu corpo, ou até mesmo "arrotando". Esse processo de purificação é necessário porque a própria Terra é também um corpo energético.

Para ter uma imagem mais clara do processo de purificação da Terra, imagine o corpo humano. Quando a pessoa ingere certas substâncias tóxicas, o corpo dela pode fragmentá-las e neutralizá-las até certo ponto. Mas, quando a toxidade ultrapassa esse ponto, o corpo precisa expelir a toxina de maneiras fora do comum, para que o organismo possa recuperar o equilíbrio e manter as suas funções normais. Quando o esforço excessivo deixa o corpo fatigado, ele às vezes desenvolve sintomas semelhantes aos de uma gripe, para que possa se recuperar.

Podemos também usar como exemplo o caso de um agente de cura espiritual que alivia o padecimento físico ou espiritual das pessoas. As energias impuras dos pacientes se acumulam no corpo dele durante o processo de aconselhamento e de tratamento, obstruindo os *hyeols* (pontos de acupuntura) e os chakras e provocando uma sensação de aperto no peito ou de completa exaustão, nos casos mais graves. Nesses casos, o curador pode descansar um pouco ou purificar o seu corpo energético por meio de alguma prática especial. Essa mesma situação se repete com a Terra.

Quando a poluição energética causada pelos seres humanos ultrapassa a capacidade da Terra de se purificar, toda a energia do planeta se desestabiliza. Essa instabilidade energética se mostra na superfície da Terra na forma de desastres naturais, como movimentos das placas tectônicas e calamidades climáticas, por exemplo, responsáveis pelo decréscimo ou total extermínio da população da Terra material. Desde os primórdios da Lemúria, um milhão de anos atrás, purificações em pequena escala têm ocorrido constantemente em diferentes regiões, assim como algumas em grande escala.

As maiores causas de contaminação da Terra são vários tipos de energia emocional e formas-pensamento criadas pela mente das pessoas com consciências negativas. Inveja, ciúme, raiva e ódio são, todos eles, criações da mente humana egoísta. Todas essas emoções são energias de baixa freqüência que poluem o ambiente em que são irradiadas e tudo o que tocam. Além do mais, todo pensamento é energia, que se difunde em todas as direções. Formas-pensamento criadas pelas fortes concepções da mente humana tornam-se energia viva e ativa que exerce, por sua vez, grande influência sobre pessoas com pensamentos semelhantes. (Saiba mais sobre as formas-pensamento no capítulo Sete.)

Essas formas-pensamento sabem muito bem que serão isoladas das pessoas e que se extinguirão durante o processo de purificação da Terra. Elas agora estão apavoradas e fazendo o possível para interferir no processo do Projeto Gaia e adiá-lo ao máximo. Essas formas-pensamento estão tirando vantagem principalmente do aumento da ansiedade e impaciência das pessoas, que é uma das causas das graves mudanças físicas pelas quais passa a Terra. Essas formas-pensamento às vezes aparecem nos sonhos ou meditações de pessoas espiritualizadas, na forma de figuras que proporcionam uma espécie de revelação. Para criar tumulto em várias partes do planeta, as formas-pensamento tentam causar agitação entre as pessoas que são facilmente seduzidas por mensagens falsas. Isto é, elas agitam as pessoas mais egoístas e com capacidades espirituais, como o dom da mediunidade por exemplo, relativamente desenvolvidas, e as convencem a dizer aos seus seguidores que elas são Cristo, o Messias, ou Maitreya, ou o Buda do Futuro.

No entanto, as pessoas que estão provocando o caos social por meio de formas-pensamento estão desempenhando um papel já determinado na Grande Mudança da Terra. O comportamento delas já era um fato esperado há muito tempo. Existem muitas formas-pensamento que estão ativas agora, e os seus truques são muito ardilosos e perspicazes. Mas, sejam quais forem essas formas-pensamento ou as pessoas por elas influenciadas, não há nenhuma possibilidade de que interrompam ou adiem a Grande Mudança.

Ao contrário das purificações do passado, o atual processo de purificação não está apenas purificando toda a energia contaminada, mas também afastando completamente todo tipo de ser da Terra. Em outras palavras, as principais estratégias do processo de purificação consistem na neutralização das incontáveis formas-pensamento, na purificação de toda a energia emocional acumulada no corpo energético humano e na expulsão de toda energia negativa que se infiltrou no mundo material e espiritual, assim como na transferência de todos os seres de freqüência inferior à quinta dimensão para outros locais apropriados do universo.

Os vários modos de preparação para a purificação do planeta estão sendo colocados em prática há muito tempo, mas o processo de fechamento do mundo espiritual começou no início de 2005. Até que esse fechamento se concluísse, todos os seres que estavam encarnados no mundo material, inclusive os seres humanos, iam para esse mundo espiritual depois da morte física. Mas já não é mais possível entrar nesse mundo espiritual, que consistia num lugar em que todos os seres podiam descansar e se preparar para a sua vida seguinte na Terra. Agora, esses seres estão sendo transportados da Terra em veículos espaciais para outras estrelas ou planetas da sua escolha. Neste mesmo instante, existem vários veículos espaciais de pequeno porte estacionados no céu, aguardando para transportar esses seres para estrelas e planetas com freqüências que lhes sejam mais apropriadas.

O fechamento do mundo espiritual ainda não significa que o mundo da quarta dimensão desaparecerá por completo. No mundo espiritual, ainda existem muitas almas aguardando para reencarnar na Terra material, de modo que possam vivenciar a etapa final da Grande Mudança da Terra. Também existem algumas almas que permanecerão aqui até se mudarem para outros mundos, sem planos para reencarnações futuras. O fechamento do mundo espiritual significa que a Terra, que durante tanto tempo serviu como um centro de aprendizagem, começou a fechar suas portas. Também significa que o sistema de reencarnação está a ponto de terminar e que o sistema de carma também deixou de existir. Em poucas palavras, a Terra, como as pessoas a conhecem, está agora desaparecendo.

CAPÍTULO TRÊS

Os Guias do Projeto Gaia

As pessoas às vezes imaginam o céu ou o mundo estelar, mas o que elas imaginam depende muito do conhecimento que têm e das suas tendências religiosas. No entanto, essas impressões do céu têm uma coisa em comum: o lugar imaginado é basicamente diferente da sociedade humana da época em que essas pessoas vivem.

No céu, as pessoas esperam que não tenham de fazer nada e que tudo lhes será proporcionado, junto com a mais suprema alegria e sentimento constante de paz. Na imaginação delas, até os espiritualistas, que compreendem um pouco melhor o mundo invisível, podem pensar da mesma maneira que a maioria das pessoas.

Se você tem uma boa compreensão do poder da mente humana, pode achar que deve haver um lugar bonito fora do mundo material em que tudo possa ser controlado pela sua mente. Você pode até acreditar que a mente é capaz de tornar tudo possível, não só no mundo energético, mas também no material.

Se as pessoas tiverem a chance de recordar suas vidas fora da Terra, talvez por meio de uma terapia de vidas passadas, elas talvez se deparem com algo bem surpreendente e decepcionante ao mesmo tempo. No último verão, durante uma regressão a vidas passadas que eu conduzi, uma pessoa viu imagens nítidas do centro administrativo do Projeto Gaia, localizado em Sirius, e viu a si mesma em uma das salas de reunião dos edifícios desse centro. Ela ficou extremamente surpresa com a aparência imponente das fulgurantes torres gêmeas. Ao mesmo tempo, ficou desconcertada diante da própria atitude, ao se ver andando de lá para cá no cômodo e dizendo, "Estou ocupada! Estou com pressa!" Ela nunca imaginou que seres num local de dimensão tão elevada quanto Sirius ainda tivessem pressa ao realizar o seu trabalho e sofressem com a pressão e o *stress*, assim como as pessoas na Terra.

É possível imaginar que, em alguns locais fora da Terra, tudo é feito de modo automático ou mecânico e que os seres não são obrigados a fazer nada. Contudo, o universo só pode ser harmonioso quando todos os seres estão desempenhando o papel ou fazendo o trabalho que lhes cabe. O sistema de desdobramento do universo, originalmente concebido e criado pela primeira consciência do universo, é mantido e operado pela vontade coletiva de todos os seres do universo – em outras palavras, a vontade da Origem. Até a existência de uma flor silvestre desabrochando nos campos só é possível porque existe um sistema que possibilita o fenômeno e uma energia que anima a forma vital.

Para surpresa daqueles que se interessam por mundos extraterrestres, existem muitas similaridades entre o método de operação da Terra material e o de outros mundos. Essa semelhança, contudo, pode ser explicada sem muita dificuldade.

Como mencionado nos capítulos anteriores, cada pessoa encarnada num corpo físico tem um volume expressivo de lembranças e essas lembranças podem despertar na vida diária como sentimentos ou inspirações. Ou seja, quando uma pessoa imagina algo ou tem uma idéia nova, isso na verdade significa que ela está acessando algo guardado em sua memória. Como os seres humanos da Terra vieram de várias estrelas e planetas do universo, de tempos em tempos eles se lembram de certos mecanismos, sistemas e formas que já conheciam antes de vir para a Terra. Por isso, quando uma pessoa se sente inspirada a inventar, descobrir ou criar algo novo, isso pode significar que uma lembrança do passado está vindo à tona. E como sabemos, a civilização da Terra progrediu graças a grandes descobertas e invenções.

Por exemplo, a aparência diversa dos seres humanos, animais e plantas é, na verdade, uma cópia das formas originais que existem em outros lugares do universo. Um exemplo interessante é o de um desenhista de moda da Coréia, famoso internacionalmente pelos seus desenhos incomuns e que na realidade são cópias das roupas usadas na estrela Órion, onde ele viveu durante um longo período antes de vir para a Terra. Pode-se dizer que a Terra atual é uma miniatura do universo. Portanto, características comuns a várias nações ao redor do mundo também podem ser muito comuns universo afora, enquanto elementos especiais de certas regiões ou de certos grupos étnicos podem ser resultado da transplantação direta de uma civilização ou cultura de outras estrelas do universo.

Como o Projeto Gaia já está em curso há várias eras, muitos seres estão direta ou indiretamente ligados à sua execução. Esses seres, enviados à Terra em missões relacionadas ao Projeto, são chamados "guias" neste livro. Este capítulo explica com detalhes quem são esses guias.

Brigada da Terra

O Projeto Gaia é um plano sem precedentes até mesmo no espaço ilimitado. Ele foi concebido pela consciência da Origem para acelerar o crescimento da consciência de todo o universo. Paralelamente à criação do ser sagrado, especialistas em energia foram selecionados para executar o Projeto e criar um planeta muito especial, ou seja, a Terra, no local onde ela hoje se encontra. Desde então, esses especialistas estão envolvidos no processo de maturação da energia terrena e na produção da "vacina" energética.

Por volta da época em que os portais da Terra deveriam ser abertos para todo o Universo, o centro administrativo de Sirius começou a escolher um grande número de guias para serem enviados à Terra. Foram selecionados seres de todo o universo, das dimensões mais elevadas, que fossem profissionais confiáveis com um grande senso de dever. Assim se formou uma equipe avançada de guias.

A missão desses guias era, primordialmente, residir na Terra até o final do Projeto Gaia, para prestar assistência ao processo de conclusão da energia terrena e para disseminar essa energia para toda a galáxia. Enquanto aguardam e se preparam para cumprir suas próprias missões na época da Grande Mudança da Terra, esses guias trabalham como uma brigada da Terra. Por exemplo, sempre que foi preciso realizar certa tarefa para que a Terra material continuasse cumprindo a função de centro de aprendizado, esses guias encarnaram em corpos físicos e tentaram mudar a sociedade humana ou redirecionar o curso da história.

Para receber orientações sobre as suas missões na Terra, sobre a importância do Projeto e sobre as dificuldades e desafios que poderiam sofrer na vida terrena, esses guias se reuniram em Sirius e nas Plêiades, antes de vir para cá. Alguns guias se sentiram pouco à vontade com os acontecimentos desconhecidos que estavam prestes a viver, mas a maioria deles ficou orgulhosa por ter sido escolhida e muito empolgada com a perspectiva de viajar a um mundo novo na companhia de muitos colegas. Um milhão de anos atrás, quando chegou a hora da partida, eles vieram para a Terra e logo se reuniram aos outros que já estavam aqui há dez bilhões de anos, nutrindo a energia planetária. Esse foi o momento exato da abertura da Lemúria, a primeira civilização da Terra. O líder dessa missão foi um ser chamado Mu (ou Mooh), a consciência da Origem decadimensional que concebeu o Projeto Gaia.

Quando a Terra recebeu essa equipe avançada, o estado etérico do planeta era perfeitamente puro e tudo era de uma clareza cristalina. Os guias passavam os seus dias alegremente e com um profundo senso de companheirismo, controlando os seus corpos como bem queriam. Estabeleceram uma sociedade espiritual em perfeita harmonia, centrada em Mu.

No entanto, à medida que o tempo passava, seres com freqüências relativamente baixas começaram a vir à Terra em grupo. Alguns deles tinham consciências negativas com lembranças de violência, guerra e ódio. Com o tempo, a população desses seres cresceu rapidamente. Se a situação não fosse controlada, os seres puros que haviam chegado à Terra nos primórdios da Lemúria sofreriam grandes padecimentos. Ao contrário do corpo humano de hoje, esses seres tinham corpos etéricos que eram afetados por todas as ondas ao redor deles e sentiam dores lancinantes quando expostos à energia negativa.

Já contando com tais circunstâncias, o Projeto concebeu um plano para materializar a Terra etérica. Criou-se, além do mundo material, um mundo espiritual para onde iriam os seres depois da morte física. E assim começou o sistema de reencarnações. (Para mais detalhes a respeito da materialização, ver capítulos Quatro, Cinco e Seis.)

Para os seres de energia pura, no entanto, a vida na Terra material ainda seria muito difícil. Por essa razão, aqueles que chegaram à Terra no início do período lemuriano, inclusive a equipe avançada de guias, considerou a possibilidade de voltar para os mundos de onde haviam partido. Enquanto muitos seres sem missão decidiram deixar o planeta, quase todos os guias optaram por ficar até cumprir a sua missão – isto é, até o final da Grande Mudança da Terra.

Depois de ver partir muitos amigos próximos com quem tinham convivido durante tanto tempo, os guias começaram a viver uma nova vida na Terra. Mas a vida na Terra materializada não era nada fácil para eles. Conviver com seres de consciência negativa já era difícil, mas viver confinados a um corpo físico desconfortável e desajeitado como uma concha, sem nenhuma lembrança de suas existências anteriores e do propósito de suas vidas, era mais difícil ainda.

Os guias tinham encarnado na Terra material com o objetivo de ajudar o planeta a seguir na direção certa ou de acumular as experiências necessárias para a sua missão durante a Grande Mudança. A vida nessa terra materializada era normalmente penosa para eles. Como todos os outros seres, eles precisavam seguir as regras básicas da reencarnação e sofrer grandes padecimentos no processo. Quando os guias não estavam no mundo material, eles desempenhavam vários papéis na administração do planeta ou serviam como conselheiros e planejavam as vidas futuras de outros seres.

Além da equipe avançada, outros guias eram enviados à Terra de tempos em tempos, principalmente durante os períodos da Lemúria e de Atlântida. A maioria dos guias está aqui há pelo menos centenas de milhares de anos, embora alguns deles tenham sido enviados para a Terra há apenas mil ou dois mil anos e até menos do que isso. Quando novos guias eram mandados à Terra, era comum que ficassem primeiro no mundo espiritual e só depois entrassem na Terra material por meio do nascimento físico.

Entre os guias enviados mais recentemente, no entanto, há casos em que a vinda para o mundo material se deu por meio de um processo especial chamado "fenômeno *walk-in*". Esse processo não segue o processo de reencarnação convencional e se assemelha mais a uma substituição. No caso do *walk-in*, a alma deixa o corpo depois que seu ocupante sofreu uma doença grave ou por outras razões e outro ser ocupa o lugar dela e passa a viver nesse corpo. Nesse caso, um novo ser – o *walk-in* – pode passar por um período difícil de adaptação à vida humana, especialmente quando não tem absolutamente nenhuma lembrança da Terra. Por outro lado, nenhuma memória da Terra seria útil para ele, que teria de se livrar das noções terrenas e recuperar a sua consciência original*.

Guias para a Grande Mudança da Terra

Atualmente, estão em curso vários acontecimentos relacionados à Grande Mudança da Terra, e existem muitos seres em missão, trabalhando diligentemente para que essa Grande Mudança de fato aconteça. Enquanto grande parte dos guias encarnados em corpos físicos está passando por um processo de despertar, os guias em corpos energéticos, chamados *shin-myeongs* em coreano, estão trabalhando arduamente pelo Projeto. Existem ainda outros guias atuando em vários veículos espaciais que sobrevoam a Terra. Como a Grande Mudança da Terra está acontecendo não só no mundo material, mas também no mundo espiritual da quarta dimensão, também existem muitos guias trabalhando na quarta dimensão. Todos os seres que trabalham pelo Projeto podem ser chamados de guias, mas neste livro esse termo é reservado principalmente para os seres com corpos humanos físicos.

A maioria desses guias com corpos físicos e que reencarnaram várias vezes na Terra material, está passando por um processo de despertar – em outras palavras, está tomando consciência da sua própria existência e missão. Como a missão básica desses guias está relacionada à etapa final do Projeto, eles estão se preparando e aguardando – embora passem muitas vezes, enquanto isso, pelo ciclo de encarnação no mundo material – para iniciar a sua tarefa principal. Nesta vida, esses guias estão todos reencarnados em regiões preestabelecidas. Um grande número deles nasceu num determinado país, e o restante está espalhado pelo mundo todo.

---

* Acerca do fenômeno *walk-in*, consultar o livro *Mensageiros do Amanhecer*, publicado pela Editora Pensamento, São Paulo, 2007. (N. do E.)

Graças às lembranças nítidas que têm do universo e da Origem, muitos desses guias são, desde a infância, diferentes das outras pessoas. Pela sua pureza e nível elevado de consciência, eles sentem uma forte inclinação para buscar valores mais verdadeiros do que os cultivados no mundo material. Como estão mais interessados no mundo invisível, não-material, por algum tempo eles se sentem atraídos por diferentes grupos religiosos e espirituais, mas logo acabam perdendo o interesse e nunca se sentem satisfeitos em nenhum deles. Eles muitas vezes não se dão bem com as pessoas à sua volta, por causa dos sentimentos que nutrem com relação à sua própria existência. Na maioria das vezes têm uma atitude negativa com relação à autoridade e à ordem no mundo físico, porque conhecem intuitivamente a origem e a ordem do universo.

A maior parte dos guias não despertou ainda plenamente, mas está despertando agora. Embora esse despertar possa acontecer em decorrência de alguma prática ou meditação especial, também pode acontecer em meio às atividades do dia-a-dia. O momento de despertar de cada indivíduo depende principalmente da época em que a sua missão deverá começar. Depois que estiverem totalmente despertos, os guias saberão quem são e o que têm a fazer, e começarão a realizar a sua tarefa com disposição; os guias cumprem as suas missões naturalmente e de boa vontade, sem nenhuma hesitação. Se algo é feito à força, significa que não faz parte da missão deles.

Esses guias empreenderão vários tipos de missão. Um grupo será encarregado do processo de despertar das pessoas e ajudará os indivíduos a perceber, em vários sentidos, que somos todos um e que todos os seres provêm da mesma fonte, a Origem. Mas existem muitos outros guias com missões diferentes. Por exemplo, quando o processo de purificação da Terra estiver terminado, os guias representantes das suas próprias estrelas codificarão a energia terrena concluída em seu próprio corpo energético e então retornarão para as estrelas em veículos espaciais. Ao disseminar essa energia terrena em suas estrelas-natal, eles as ajudarão a desenvolver a consciência.

Outros guias, viajando também em veículos espaciais, disseminarão a energia especial da Terra em muitas estrelas das quais estão encarregados. Outros atuarão diretamente com esses veículos no espaço atmosférico da Terra. Esses guias se incumbirão da tarefa de se comunicar com eles e providenciar vários tipos de assistência para as suas atividades no céu. Alguns guias, inclusive os seres chamados "Crianças Índigo" e "Crianças Cristalinas", cumprirão as suas missões relacionadas à criação e ao desenvolvimento de uma nova sociedade na Terra.

Como já foi mencionado, os guias estão reencarnados numa só região da Terra ou espalhados pelo globo, dependendo da missão que lhes foi designada. Os incumbidos de levar a energia terrena para as suas estrelas-natal nascem e vivem em certas regiões da Terra em que a energia se afina com as dessas estrelas. Quando os guias despertam e passam a cumprir as suas missões, percebem que têm a capacidade espiritual certa para realizá-las. Eles despertarão no momento certo e saberão que missão é essa. Mesmo sem fazer nenhum esforço especial, começarão a reconhecer uns aos outros e formar as redes de trabalho necessárias com outros guias.

Os *shin-myeongs* de dimensões elevadas estão trabalhando ativamente nos dias de hoje, desempenhando papéis importantes na Grande Mudança. Permanecendo em corpos energéticos, eles são capazes de realizar muitas missões impraticáveis para os guias encarnados. De maneira especial, muitos deles estão encarregados de despertar os guias em corpos físicos e prepará-los para iniciar as suas missões na época planejada. Muitos guias encarnados ainda se sentem desconfortáveis em seus corpos físicos e sofrem lapsos de memória, por isso é muito importante que os *shin-myeongs* despertem esses guias e os deixem preparados para cumprir as suas tarefas no momento certo. Muitos seres de dimensões mais elevadas, inclusive o administrador-chefe desta galáxia e seres conhecidos como homens santos na história humana, estão agora, na posição de *shin-myeongs*, participando da Grande Mudança da Terra.

Muitos veículos espaciais, em número suficiente para cobrir todo o espaço aéreo do planeta, estão agora no céu. Normalmente, eles trabalham na quarta dimensão, por isso não podem ser vistos por olhos humanos. No entanto, quando operam tridimensionalmente, podem ser detectados por pessoas comuns. Esses veículos espaciais têm várias formas e tamanhos, dependendo do seu lugar de origem e da sua função; variam desde naves pequenas, projetadas para cumprir tarefas de reconhecimento e pesquisa, como espaçonaves gigantescas, que servem como naves-mãe.

Embora existam muitos veículos espaciais que não têm uma missão relacionada ao Projeto, um grande número deles está agora no céu, colaborando com o Projeto Gaia. Até há pouco tempo, eles ficavam principalmente pairando no ar, observando e monitorando acontecimentos ocorridos na Terra e às vezes realizando certas atividades relacionadas à Grande Mudança. Por exemplo, ao se revelar a algumas pessoas e criar os misteriosos círculos nas colheitas, esses veículos espaciais tentam fazer com que as pessoas da Terra saibam da sua existência. Outro propósito das suas aparições é instigar os seres humanos a despertar.

Pouco tempo atrás, um outro grupo de veículos espaciais aproximou-se da atmosfera da Terra, vindo de várias estrelas. Embora muitos deles sirvam para transportar a outras estrelas da galáxia os seres cujo aprendizado na Terra chegou ao fim, esses veículos estão muito mais ativos agora graças ao recente fechamento do mundo espiritual terreno. Desde o começo do ano de 2005, todos os seres que passaram pela morte física foram proibidos de entrar no mundo espiritual e encaminhados, em vez disso, a uma nave espacial, que os levará a um novo mundo. Antes de subir a bordo dessas naves, esses seres têm de passar por um processo de purificação em que todas as energias emocionais acumuladas na Terra, inclusive o carma, são "depuradas". Durante a Grande Mudança da Terra, pode ser que algumas regiões do planeta precisem ser evacuadas temporariamente. Os veículos espaciais servirão de transporte nesses casos também.

Como já mencionamos de passagem, os guias cumprirão as suas missões por meio da manifestação de certas capacidades espirituais. Por outro lado, existem outras pessoas com uma energia inerentemente pura que vêm colaborando ou colaborarão com o Projeto Gaia de maneiras diferentes. Elas ajudam ou apóiam a Grande Mudança da Terra não com algum dom espiritual, mas desenvolvendo os seus talentos, acumulando conhecimentos ou ocupando cargos sociais.

Mesmo antes de a Grande Mudança começar, essas pessoas estavam ajudando e curando as pessoas, para que elas despertassem espiritualmente como líderes espirituais ativos, agentes de cura ou autores de livros conhecidos no mundo todo. Embora não façam idéia do papel que desempenham, essas pessoas são importantes para o Projeto Gaia. Como elas não têm capacidades espirituais nem realizam atividades proeminentes como guias durante a Grande Mudança da Terra, podem ser chamadas de "colaboradores". Mas a diferença entre os guias e os colaboradores está apenas na maneira como participam da Grande Mudança. Essa distinção não tem nenhuma relação com as dimensões de onde eles originalmente vêm ou as capacidades que têm no universo.

Desde a primeira etapa do planejamento, o Projeto Gaia é liderado por uma das primeiras consciências do universo – em outras palavras, o terceiro ser da Origem.

Muito tempo atrás, a primeira consciência enviou um dos seus Eus subordinados a Sirius para cumprir várias tarefas secundárias relacionadas ao Projeto. Em torno de um milhão de anos atrás, quando a Terra foi aberta para o universo pela primeira vez, outro Eu Subordinado foi enviado à Terra para dar início ao período da Lemúria. Desde então, esse Eu Subordinado, que fica a maior parte do tempo no núcleo da energia terrena, tem supervisionado todas as operações relacionadas ao Projeto, assim como se encarregado da direção geral da Terra. O Eu Subordinado da primeira consciência já esteve várias vezes fisicamente encarnado na Terra, principalmente para redirecionar o curso da história humana. Esse Eu Subordinado agora está novamente encarnado como ser humano, para ajudar as pessoas a expandir a sua consciência e garantir que elas mantenham uma ligação firme com a Origem.

PARTE DOIS

A HISTÓRIA DE UM PLANETA

Introdução à Parte Dois

Presume-se que quase todo mundo já tenha feito a pergunta, "Quem sou eu e por que estou aqui?" Na tentativa de solucionar essa questão fundamental sobre a espécie humana e lançar luz sobre si próprias, algumas pessoas deixaram para trás o mundo material e passaram a dedicar a vida à religião, à busca da verdade ou à filosofia. Os espiritualistas e pesquisadores da verdade esforçaram-se para compreender a vida e o universo por meio da intuição e da inspiração, praticando-as de várias maneiras; enquanto que os filósofos tentaram entender a verdade cósmica principalmente por meio de teorias e do raciocínio lógico.

No entanto, parece que esses esforços ainda não surtiram efeito. As respostas sugeridas pelas chamadas pessoas iluminadas, como "Nós somos todos um", "Tudo é vazio" e "Nós somos todos deuses", ainda não satisfazem os pesquisadores. Até os homens mais santos, como Buda e Cristo, não parecem ter apresentado explicações satisfatórias sobre a natureza humana, nem oferecido orientação suficiente sobre como o ser humano deve viver.

Deve haver alguma explicação lógica para a falta de respostas concretas e convincentes, em seus ensinamentos, sobre a natureza humana. Dadas as circunstâncias da época em que Buda e Cristo viveram, períodos em que as pessoas mal se aventuravam fora de casa e ninguém fazia idéia de como a Terra – que dirá o universo – realmente era, é provável que fosse quase impossível para eles falar sobre esses assuntos. E mesmo que as circunstâncias fossem outras, de modo que pudessem ocorrer discussões a respeito, talvez não fosse apropriado discorrer com detalhes sobre os seres humanos e a natureza da vida, uma vez que as pessoas na Terra devem vivenciar gradativamente novas experiências, enquanto se esquecem do seu verdadeiro eu.

Por outro lado, a maioria das pessoas da Terra já está preparada para entender a natureza da espécie humana, o que é a vida e o propósito de vivermos aqui. Graças ao progresso científico notável, muitas pessoas acreditam que já compreendem suficientemente a Terra e o universo para receber respostas mais concretas sobre as questões fundamentais da vida. Além disso, uma grande mudança está em curso atualmente na Terra. O enorme plano conhecido como Projeto Gaia já está em andamento há muito tempo e agora entrou na sua etapa final, a Grande Mudança. A essa altura, todos os seres humanos precisam conhecer o verdadeiro significado da vida e a verdade sobre a Terra e o universo. Somente com essa compreensão do Projeto, podemos aceitar a Grande Mudança, que afetará cada um de nós pessoalmente assim como o planeta inteiro, de maneira a sermos capazes de maximizar o nosso crescimento espiritual durante esse período.

No próximo capítulo, eu revelo a verdadeira história da Terra e dos seres humanos e a verdadeira natureza de todos os tipos de seres. Na verdade, quase tudo que os espiritualistas e os pesquisadores da verdade sempre quiseram saber sobre a vida, a existência e a origem será apresentado aqui.

CAPÍTULO QUATRO

A História da Terra e dos Seres Humanos

De acordo com a hipótese mais largamente aceita hoje em dia sobre a formação da Terra, conhecida como a teoria da origem da "baixa temperatura", o Sol foi formado a partir da condensação de nuvens gasosas interestelares de altíssima temperatura (a nebulosa solar). Quando a nebulosa solar se resfriou, gases e poeiras começaram um movimento de rotação em volta do Sol, adquirindo a forma de discos. À medida que esses gases e poeiras se condensaram, foram se formando os planetas – inclusive a Terra. Segundo essa teoria, a Terra, o terceiro planeta mais distante do Sol, formou-se há cerca de quatro a cinco bilhões de anos.

À medida que mais material ia se condensando por força da gravidade e o colapso gravitacional dos elementos radioativos gerava calor, a temperatura da Terra ia aumentando. Em conseqüência, substâncias pesadas como o níquel e o ferro mergulharam no interior do planeta e formaram o seu núcleo, enquanto as mais leves, como o silicato, subiram à superfície e formaram a crosta terrestre. Posteriormente, atividades vulcânicas liberaram gases do interior da Terra, que formaram a atmosfera. Com o passar do tempo, o planeta foi se resfriando e o vapor d'água suspenso na atmosfera caiu em forma de chuva, formando os oceanos. Por meio desse processo, o núcleo da Terra, a crosta, os oceanos e a atmosfera foram criados quase simultaneamente, passados bilhões de anos da formação do planeta.

Com o tempo, formas de vida primitiva começaram a surgir nos oceanos. Esse período é chamado Era Proterozóica. À medida que essas formas de vida se desenvolviam, evoluíam e se diferenciavam, algumas plantas começaram a surgir, alguns bilhões de anos depois, na chamada Era Paleozóica, datada de seiscentos milhões de anos atrás. Animais gigantescos começaram a surgir na Era Mesozóica, iniciada em torno de duzentos milhões de anos atrás. Mamíferos, inclusive os seres humanos, apareceram na Terra durante a Era Cenozóica, que começou por volta de 65 milhões de anos atrás.

De acordo com os arqueólogos, os nossos ancestrais surgiram por volta de cinco a dez milhões de anos atrás. Eles viviam em cavernas e lutavam para sobreviver caçando animais e coletando frutos e sementes na chamada Idade da Pedra Lascada (Período Paleolítico) e no Período Mesolítico. Depois desses períodos, os seres humanos começaram a fabricar vários instrumentos de pedra polida, durante a Idade da Pedra Polida (Período Neolítico), datada de seis a dez mil anos atrás. Em seguida, as civilizações antigas – como o Egito, a Índia, a China e a Mesopotâmia – começaram a surgir e acabaram se desenvolvendo, até o advento das civilizações modernas.

No entanto, devemos indagar até que ponto esses dados geológicos e históricos são confiáveis. Qualquer teoria que explique a formação da Terra deixa muitas questões em aberto, e até mesmo os registros da história da humanidade são constantemente reformulados. Existem muitas ruínas de civilizações antigas, como a egípcia, a maia e a inca, que ainda não podem ser explicadas com o conhecimento histórico que temos. Até mesmo os registros de acontecimentos supostamente ocorridos há alguns milhares de anos são freqüentemente revisados à medida que novas ruínas ou relíquias são encontradas, indicando a possibilidade de que a história que nós conhecemos ou aceitamos como fato esteja basicamente errada.

Além disso, quando as pessoas falam sobre a Terra, elas só pensam na Terra material; só lhes vêm à mente as formas de vida com a aparência de corpos humanos. Esse modo de pensar pode deturpar significativamente os fatos. Como dizem os espiritualistas e alguns religiosos, se a essência humana não é o corpo humano, mas o espírito não-material ou a consciência, então a história dos seres humanos é na verdade completamente diferente do que conhecemos até agora. Se pensarmos na Terra não apenas como um planeta material, mas também como energia, o cálculo do seu tempo de formação também muda radicalmente.

Em suma, a história dos seres humanos e da Terra apresentada neste capítulo não pode ser analisada apenas com o conhecimento ou os conceitos predominantes do "senso comum". Em vez disso, devemos julgá-la com base na sua sistematização e na conectividade mútua do seu conteúdo. Os leitores poderão descobrir que, ao contrário da história aceita, a história apresentada neste capítulo não deixa questões importantes em aberto.

O Surgimento da Lemúria

Embora continuasse num estado puro de ondas luminosas depois da sua formação, a Terra teve tempo suficiente para cultivar a sua energia especial. Durante esse período, com algumas exceções, não se permitiam visitas. Depois de dez bilhões de anos, a Terra já tinha criado a sua energia característica, que aumentaria a conectividade com a Origem, e o processo de formação da vacina já estava a ponto de se iniciar. Para produzi-la, era imprescindível que seres de todas as dimensões e camadas de freqüência convivessem na Terra.

Quando planejaram a criação da Terra, como um planeta aberto a todo o universo, os seres responsáveis pela execução do Projeto Gaia – os guias – foram selecionados em todo o universo, com base na importância de suas especialidades para a consecução do Projeto. Os membros da equipe avançada, escolhidos para serem enviados à Terra, reuniram-se na estrela Sirius e nas Plêiades, para receberem orientações acerca do Projeto e discutir questões importantes relacionadas às suas missões. Quando os guias chegaram à Terra, foram recebidos pelos seus colegas que já estavam aqui há muito tempo cultivando a energia do planeta, e também pelo seu líder – a primeira consciência do universo.

Pouco antes da chegada dos guias, a Terra tinha passado do estado luminoso para o estado etérico. Como o planeta estivera num estado perfeito, destituído de qualquer contaminação nos dez bilhões de anos anteriores, tudo na época era luz, brilhante e cristalina. Esse era o estado da Terra quando os guias e outros seres de dimensões superiores, mas sem nenhuma ligação com o Projeto, chegaram aqui.

Durante o período inicial, os seres de consciência pura brincavam como crianças no ambiente arrebatador. Os seus corpos de éter eram perfeitamente flexíveis e mudavam de aparência a seu bel-prazer. Sentindo verdadeira fraternidade entre si, eles cantavam e dançavam sem nenhuma preocupação ou competitividade. A coesão dessa comunidade era mantida por uma figura central, Mu, a primeira consciência do universo. A primeira sociedade estabelecida na Terra foi chamada Lemúria, e a harmonia predominante fez dela uma sociedade utópica.

À medida que a notícia da abertura do belo planeta Terra se espalhou, um número cada vez maior de seres com variadas freqüências e consciências começou a chegar para visitas temporárias ou para se estabelecer aqui. Comparados àqueles que chegaram primeiro, esses seres tinham freqüências vibratórias relativamente mais baixas e alguns deles, uma consciência negativa. À medida que a população da Terra começou aos poucos a crescer, a energia negativa também começou a se acumular, causando instabilidade tanto no planeta quanto no corpo dos seus habitantes. Em outras palavras, com os níveis cada vez mais altos de contaminação, o estado etérico da Terra começou a ficar menos líquido e mais denso.

Depois de sofrer esse processo por mais algumas centenas de milhares de anos, a flexibilidade e liberdade que os seres tinham no início da Lemúria praticamente se perderam. Quando a civilização lemuriana estava na metade do seu ciclo de existência, e a Terra ainda continuava em seu estado etérico, os lemurianos perderam grande parte do controle sobre o sexo e aparência dos seus corpos. Contudo, eles ainda eram capazes de controlar mentalmente certos aspectos da vida e a flexibilidade de seus corpos ainda estava muito acima da que tem o corpo humano agora.

A situação mudou drasticamente quando a Lemúria começou a se aproximar do fim. A Terra na época já recebia grandes hordas de visitantes de todos os lugares do universo, muitos com freqüências inferiores e consciências negativas. Assim a Terra se tornou mais densa e a sociedade lemuriana praticamente perdeu a harmonia, a alegria e a paz que desde o início a caracterizavam. O egocentrismo e as disputas entre os habitantes começaram a ficar cada vez mais freqüentes em todos os lugares. Os seres de consciência pura que haviam chegado à Lemúria em seus primórdios começaram a sentir dor e medo ao encontrar os recém-chegados. Essa dor se tornava ainda mais intensa quando os seus corpos eram tocados pela energia contaminada dos novos residentes. Observando as rápidas mudanças na sociedade lemuriana, em decorrência do número elevado de recém-chegados e de ondas negativas, o quartel-general do Projeto revelou um plano: materializar a Terra.

Desde o início da Lemúria, muitos seres com diferentes freqüências vibratórias, temperamentos e objetivos vieram à Terra. A energia desses seres era fundamental para a criação da vacina, por isso era necessário permitir que todos eles convivessem na Terra até que a sua produção estivesse concluída.

No entanto, as agruras pelas quais passavam esses seres de energia pura, à medida que o contato com seres de ondas negativas começava a se intensificar, causava-lhes grande sofrimento. À medida que a Terra acumulava negatividade com o número cada vez maior de visitantes, a vida dos seres puros tornava-se difícil e angustiante. Para acabar com essa angústia, foi preciso um aparato que os protegesse da energia negativa. A solução era materializar a Terra. Ao contrário do que acontece na Terra etérica, todo ser do mundo materializado fica protegido da energia e das ondas circundantes, principalmente porque o corpo humano funciona como uma barreira protetora. Evidentemente, essa decisão de materializar a Terra causou mudanças radicais.

Houve uma outra razão para que essa decisão fosse tomada. No estado etérico, cada ser sabe basicamente tudo sobre os outros seres, tendo inclusive informações acerca do seu nascimento, registros sobre acontecimentos passados e sua energia no momento. No estado etérico, os seres tendem a evitar o contato com aqueles que têm energia negativa, o que os impede de acumular o grande número de experiências provocadas pelo contato com diversos tipos de seres. No mundo materializado, no entanto, onde um ser ignora a essência do outro, essa falta de exposição não ocorre. Por isso, na Terra, que servia como uma escola para o crescimento espiritual com base em experiências, decidiu-se que o estado materializado era preferível ao etérico.

A matéria é muitas vezes considerada o elemento básico do mundo tridimensional, e o lugar onde os seres humanos agora vivem é chamado de mundo material da terceira dimensão. No entanto, mundo material não é sinônimo de mundo tridimensional. O *gi*, ou energia, que é basicamente formado de ondas, passa para o estado material quando adquire a natureza das partículas. Portanto, ondas de outras dimensões, além das tridimensionais, podem ser materializadas, o que significa que a matéria e as substâncias vistas na Terra também podem existir em mundos de outras dimensões (embora mundos materializados semelhantes à Terra sejam muito raros no universo). Quando as ondas de dimensões inferiores se materializam, a matéria é mais sólida e inflexível.

Antes da materialização, a Terra etérica da época da Lemúria apresentava um estado semi-sólido que permitia aos seres mudar a sua aparência até certo ponto. Por essa razão, não havia preconceito com relação à aparência ou sexo de outros seres, e o eu verdadeiro de todos os seres era irradiado por meio de ondas. Contudo, quando o processo de materialização começou, certas atividades e funções possíveis no estado etérico, inclusive a telepatia, tornaram-se impraticáveis.

Todos os seres da Lemúria tiveram a chance de escolher entre uma grande variedade de formas vitais, humanas, animais e vegetais. Se um ser optasse por viver na forma humana, ele poderia usufruir grande liberdade exercendo o livre-arbítrio e viver como um mestre do mundo material. Dependendo da mente e do comportamento do ser, a escolha de viver como um ser humano poderia ser muito benéfica ou muito prejudicial ao planeta. Por outro lado, se o ser escolhesse a forma animal, a sua vida e as suas experiências seriam limitadas e às vezes controladas pelos seres humanos. A maioria dos animais, porém, que vivia com base nos instintos, poderia manter a pureza e o foco numa matéria de cada vez. Se o ser optasse por viver na forma vegetal, ele poderia viver uma vida de dedicação a outras formas de vida, inclusive seres humanos e animais. Embora as plantas não possam se locomover, elas purificam a atmosfera do planeta.

Durante esse processo de materialização, várias formas de vida materializadas entraram em cena pela primeira vez. Nasceu o que agora chamamos de humanidade, assim como surgiram inúmeras plantas e animais, cada um deles com forma e características peculiares. Essas formas de vida eram geralmente cópias de criaturas que já viviam em algum lugar do universo. Daí em diante, a Terra passou a ser o lar de várias criaturas, provenientes de todo o universo. Depois da materialização, todos os seres começaram a viver como seres humanos, animais ou plantas, e a Terra passou a proporcionar quase todas as experiências possíveis do universo, só que de maneira mais intensa.

A materialização da Terra não significou apenas que todos os seres passariam a viver numa concha fechada. Devido a ela, todos os seres foram obrigados a passar pelas quatro agonias da vida – o nascimento, a velhice, a doença e a morte – e a permanecer inconscientes das lembranças de suas vidas passadas, enquanto vivessem no mundo material. Além disso, a continuidade da vida também foi interrompida. Embora os seres da Lemúria em seu estado etérico continuassem a viver sem interrupção e sem vivenciar os fenômenos do nascimento e da morte, essa continuidade da vida passou a ser impossível depois da materialização.

Por causa do tempo limitado de toda forma de vida materializada, todos os seres da Terra precisavam passar repetidas vezes pelo ciclo de nascimento e morte, e o sistema de reencarnação foi instaurado. Além disso, tornou-se necessário estabelecer um mundo para as almas, ou um lugar para os seres sem corpo físico. Depois da criação desse mundo, a Terra passou a ser um mundo dual: um mundo material da terceira dimensão e outro não-material, da quarta dimensão, imperceptível aos cinco sentidos do corpo humano físico.

A criação de um mundo espiritual invisível significava mais do que criar um espaço para os mortos. É claro que o mundo espiritual servia como um lugar de descanso para os seres desencarnados que no mundo material tinham vivenciado sensações e emoções intensas por meio dos cinco sentidos físicos. Mas ele também servia como local de aprendizado, onde as vidas passadas eram revistas e as futuras, preparadas.

Uma vez que seres de diferentes freqüências não podiam viver juntos no mesmo lugar, o mundo espiritual extrafísico foi dividido em várias seções baseadas em vários critérios, entre eles a freqüência vibratória original e as preferências individuais. Depois que o mundo dos espíritos foi criado, após a vida física os seres eram conduzidos a lugares adequados às suas almas pelos *shin-myeongs*, ou obreiros do mundo espiritual, e ficavam ali até a encarnação seguinte. O mundo espiritual não era apenas para os seres humanos desencarnados, mas também para animais e plantas nesse mesmo estado. Uma explicação mais detalhada a respeito do mundo espiritual é apresentada no capítulo Seis.

Depois da materialização, foram necessários controles rígidos de entrada e saída da Terra para que o Projeto Gaia transcorresse da melhor maneira possível. Como já foi mencionado, para que a energia terrena se distribuísse entre cada uma das estrelas do universo e todas elas, foi preciso produzir uma vacina em forma de energia. Para produzi-la adequadamente, convinha restringir todas as viagens desnecessárias entre a Terra e outras estrelas e planetas. Em conseqüência desse controle rígido nas viagens, todos os tipos de energia dos seres da Terra podiam ser utilizados para produzir a vacina. Por outro lado, em resultado das restrições referentes às viagens, quase todos os habitantes do planeta foram proibidos de deixá-lo até o término do Projeto.

A Queda da Lemúria

Quando o processo de materialização começou, todos os seres da Lemúria, especialmente os seres de dimensões elevadas que chegaram nos primórdios da civilização, tiveram de tomar uma decisão. Uma opção era ficarem na Terra materializada e continuarem a viver experiências ou concluírem a missão designada, superando as dificuldades previstas. A outra opção era desistirem do plano original e voltarem para as estrelas de onde tinham partido.

Os regulamentos severos relacionados à entrada e saída depois da materialização tornaram-se um grande obstáculo para muitos seres, pois muitos não gostavam da idéia de se submeter a tais restrições. Como discutido no capítulo três, durante o período em que tiveram que tomar uma decisão, um grande número de seres das dimensões mais elevadas que aqui chegaram com o único objetivo de viver experiências que os beneficiassem decidiu deixar a Terra. Em contrapartida, quase todos os guias do Projeto decidiram ficar na Terra até concluir as suas missões.

Quando a Terra foi materializada, os seres que viviam juntos no estado etérico da Lemúria deviam reencarnar na Terra material com aparências variadas ou ser transferidos para o mundo espiritual da quarta dimensão. Como seres de baixa freqüência e energia negativa não paravam de chegar à Terra, a freqüência média do planeta diminuiu e o corpo humano materializado tornou-se gradativamente mais sólido. Os seres humanos ficaram vulneráveis a doenças e o período da vida humana se abreviou.

As características da sociedade lemuriana começaram a mudar rapidamente à medida que objetos materiais passaram a ter mais importância para os seres humanos encarnados. Eles não tinham nenhuma lembrança de suas vidas anteriores e, ao longo do processo de reencarnação, esqueciam-se completamente dos seus eus verdadeiros. Assim, a sociedade subitamente se degenerou, em decorrência do apego material. Embora alguns guias encarnados entre os seres humanos assumissem posições de liderança na sociedade – como a de sacerdotes, por exemplo –, estava muito além da capacidade deles reconduzir os lemurianos ao caminho certo. Por isso, a sociedade lemuriana materializada caiu num redemoinho de lutas e disputas, e perdeu a paz e a harmonia que uma vez usufruíra. A cultura lemuriana primitiva, em que os seres buscavam harmonia espiritual e beleza, tendo a primeira consciência do universo como figura central, desapareceu completamente. À medida que as pessoas se tornavam mais rancorosas, invejosas, belicosas e ávidas principalmente do prazer físico, a ganância tomou o lugar da alegria espiritual.

A busca e até o culto das riquezas materiais e do poder também foram responsáveis pela criação de várias formas-pensamento (que serão mais bem explicadas no capítulo Sete), as quais aumentaram a ganância, o egoísmo e a competitividade entre as pessoas e levaram a sociedade a uma balbúrdia que contaminou a energia do planeta. As pessoas começaram a culpar umas às outras, e até o ser absoluto, pela sua infelicidade, tristeza e sofrimento. Em conseqüência, o processo normal de aprendizado por meio de experiências quase foi interrompido na sociedade lemuriana. Além disso, a energia emocional irradiada pelos lemurianos atingiu um nível que ultrapassou a capacidade do planeta de purificá-la por meio do processo normal. Os quartéis-generais do Projeto, que monitoravam a situação cuidadosamente, perceberam que não podiam mais deixar a Lemúria entregue à própria sorte. Tomaram a decisão de dar à sociedade humana a oportunidade de recomeçar. Decidiram interromper todas as atividades materialistas, submergindo o continente da Lemúria.

A Lemúria, a terra dos sonhos que se estendia por todo o oceano Pacífico, submergiu então no fundo do oceano, numa manhã, restando na superfície apenas algumas poucas ilhas no sul do Pacífico. Com exceção de pequeno número de lemurianos que souberam antecipadamente da submersão, toda a população teve o mesmo destino do continente. A destruição da Lemúria ocorreu por volta de duzentos mil anos atrás. Numa única manhã, chegou ao fim a longa história da Lemúria, a primeira civilização da Terra.

Hwan-kook e Atlântida

A submersão da Lemúria causou enorme impacto sobre o ambiente do planeta. A crosta terrestre sofreu um deslocamento e o clima mudou radicalmente. Muitos territórios novos emergiram, inclusive a vasta planície que hoje se estende pelo sudoeste da Ásia, Ásia central, Mongólia, Manchúria e a península coreana, embora a população humana nessas regiões fosse pequena. Em contrapartida, o mundo espiritual foi inundado por seres da Terra materializada. Muitos deles foram obrigados a passar um período prolongado ali, pois havia pouquíssimas oportunidades de reencarnação humana na época.

Depois que o continente da Lemúria afundou no oceano Pacífico, os sobreviventes vagaram pelo planeta, entorpecidos pelo choque. A submersão repentina das terras lhes provocara um trauma profundo. Ao observar a situação, a cúpula do Projeto decidiu enviar vários seres das dimensões superiores para que, na posição de líderes espirituais, reunissem os sobreviventes dispersos e revivessem a civilização espiritual da antiga Lemúria.

Os líderes, chamados de *hwan-in*, reuniram os guias encarnados, que, em estado de completo estupor, não se lembravam das suas existências e missões, junto com o restante dos sobreviventes da Lemúria e estabeleceram uma nova sociedade espiritual na vasta planície da Ásia central. Entre os sete líderes que se tornaram *hwan-in*, o primeiro e o segundo vieram para a Terra na forma de luz e permaneceram assim durante um longo período, para orientar as pessoas, enquanto os outros cinco encarnaram como seres humanos. Essa sociedade foi posteriormente chamada *Hwan-kook*.

Conservando a cultura e a tradição espirituais da antiga Lemúria, Hwan-kook foi uma comunidade de elevada consciência espiritual até que discórdias internas acabaram causando a sua queda, sete mil anos atrás. Depois dela, um dos antigos líderes da comunidade fundou uma nova nação no noroeste da atual China e manteve viva a civilização espiritual. O líder supremo da nação era *Hwan-oong*. Então, por volta de 4500 anos atrás, um grupo de dissidentes de Hwan-oong estabeleceu uma nova nação na atual Manchúria e na península coreana. Os seus líderes, chamados *dan-goon*, mantiveram a tradição da cultura espiritual de Mu, Hwan-in e Hwan-oong. Na região do leste da Ásia, ainda há registros dessa civilização e histórias sobre ela foram transmitidas de geração em geração.

Além de Hwan-kook, a nação espiritual da Ásia central, as pessoas começaram a fundar novas civilizações depois da submersão da Lemúria, e a população da Terra voltou a crescer rapidamente. Durante esse período, alguns habitantes de Hwan-kook se espalharam por várias direções do globo. Alguns foram para a região do que é hoje o Atlântico e construíram uma nação que mais tarde foi chamada de Império Atlante; isso aconteceu por volta de 150 mil anos atrás.

Como Atlântida foi fundada pelos líderes de Hwan-kook, a sociedade prosperou e desenvolveu a princípio uma civilização espiritual. Em sua visão religiosa monística, a importância de se ligarem à Origem era ressaltada, e a sociedade, de estrutura teocrática, era conduzida em harmonia pelos sacerdotes, de elevado nível de consciência.

Contudo, enquanto a população crescia vertiginosamente, seres de consciências inferiores e lembranças negativas encarnaram em hordas na sociedade, levando Atlântida a derrocada como sociedade espiritual e tornando-a materialista. Embora os líderes ensinassem o povo sobre o mundo invisível, a consciência da Origem e a importância de se manter uma vida espiritualizada, a maioria das pessoas perdeu o interesse pelos seus ensinamentos e se afastou da vida e do pensamento espiritual, dando prioridade às coisas mundanas.

Cada vez mais materialista, a sociedade atlante passou por várias mudanças significativas, e a sua estrutura social teocrática, com a unidade entre religião e estado, chegou ao fim nesse período. Os papéis de sacerdote e regente secular foram separados e os sacerdotes não mais puderem se envolver nas atividades políticas. A tecnologia científica desenvolveu-se, para criar abundância material, e o egoísmo aumentou drasticamente. Em decorrência disso, a civilização material prosperou, enquanto o crescimento espiritual dos seres humanos regrediu. Novos sistemas sociais foram criados com base no egoísmo e na competição, e as pessoas se tornaram mais rancorosas e ciumentas. Elas discutiam constantemente com os semelhantes, e os conflitos eram acontecimentos freqüentes. Como os atlantes defendiam a política do imperialismo e exigiam obediência, as disputas e as guerras com países vizinhos irrompiam a toda hora.

Embora os conflitos internos de Atlântida fossem causados principalmente pelo baixo nível de consciência dos membros da sociedade, a liderança de Atlântida tentava solucionar os problemas sociais por meio do desenvolvimento rápido da ciência e da tecnologia e do fortalecimento da autoridade política. Sem esforços sinceros por parte dos cientistas para compreender a essência da vida e da consciência, os experimentos bioquímicos eram realizados a esmo na tentativa de curar todo tipo de doença, e vários campos da ciência e da tecnologia foram desenvolvidos para proporcionar abundância e conforto materiais. Quando o Império Atlante entrou no seu estágio final, a sua civilização material estava no auge; superava em muito a das nações vizinhas e até a da nossa civilização atual.

Enquanto a civilização atlante se desenvolvia rapidamente, o mesmo acontecia com a sua população. Muitos seres de baixas freqüências vibratórias e consciências negativas que não tinham conseguido reencarnar na época da Lemúria voltaram a nascer nessa sociedade. Muitos deles tinham inclusive contribuído bastante para a queda da Lemúria em vários sentidos.

Em decorrência das reencarnações maciças desses seres, o nível espiritual de Atlântida se deteriorou ainda mais, e o poderio político e religioso foi tomado por esses seres combativos de baixa freqüência. O povo perdeu grande parte da sua liberdade e acabou sendo obrigado a viver numa sociedade com regras severas. Inúmeras formas-pensamento foram criadas por pessoas que reverenciavam o dinheiro e o poder, contaminando gravemente a energia terrena e levando a sociedade à decadência espiritual. Quando Atlântida chegou ao fundo do poço, a maioria da população só tinha olhos para o mundo material e visava apenas aos prazeres mundanos. A bancarrota espiritual de Atlântida levou com ela a consciência da Terra e contaminou a energia do planeta.

Assistindo à decadência espiritual atlante, os sacerdotes e líderes espirituais mandaram vários avisos à população, advertindo-a de que isso levaria à total falência do império. Embora eles tivessem esperança de que as suas mensagens ajudassem o povo a despertar espiritualmente, os atlantes fizeram ouvidos moucos e nada mais pôde ser feito por esse império, que já decaía numa espiral vertiginosa.

Assim, como já acontecera na Lemúria, o Império Atlante, senhor de tantas conquistas gloriosas no mundo material, chegou ao fim. Em torno de 12 mil anos atrás, o continente atlante submergiu nas profundezas do oceano Atlântico após uma série de explosões – explosões que provocaram uma destruição muito maior do que as explosões nucleares modernas.

Neste ponto, vale a pena mencionar duas espécies especiais que existiram na Terra: uma é a dos dinossauros e a outra a de uma criatura meio homem meio animal. Ao contrário da crença predominantemente aceita de que os dinossauros existiram e entraram em extinção muito antes de os homens da caverna, os dinossauros na verdade surgiram pela primeira vez neste planeta no período final da civilização lemuriana.

No centro administrativo do Projeto Gaia, em Sirius, ocorreram sérias discussões sobre o estado da Terra. A energia negativa causada pelas mentes humanas foi aumentando, seres de consciência inferior foram chegando aos milhares e disputas entre egos conflituosos ocorriam em todo lugar. Para amenizar esses problemas, a cúpula administrativa decidiu que os dinossauros, espécie originária de outra estrela, passariam a habitar a Terra.

Embora a idéia provocasse a princípio o protesto de muitos membros, segundo os quais os dinossauros eram muito perigosos para conviver com a espécie humana, esperava-se que essas criaturas selvagens fizessem com que as pessoas reconsiderassem o seu comportamento e sua filosofia egocêntrica. De fato, os gigantescos dinossauros destroçavam seres humanos sem misericórdia e passaram a representar uma constante ameaça à humanidade. O surgimento dos dinossauros comprovou a vulnerabilidade humana de maneiras novas e foi, portanto, um método eficaz para diminuir as contendas na sociedade da época.

Entretanto, no apogeu de Atlântida, a sua civilização e tecnologia já eram suficientemente avançadas para domesticar os dinossauros com a ajuda de substâncias químicas e usá-los em benefício próprio. Embora tivessem uma inteligência diminuta, dinossauros bem treinados eram usados como transporte e em vários tipos de trabalho. Reconhecendo que o propósito original de se enviar os dinossauros para a Terra não estava mais sendo alcançado, o quartel-general do Projeto Gaia decidiu exterminá-los por completo.

Uma criatura estranha, meio homem meio fera, surgiu durante o período atlante. Numa época em que a maioria das formas de vida era sacrificada pelo egoísmo humano e a biotecnologia era extremamente avançada, criaturas experimentais foram desenvolvidas em laboratório na tentativa de se criar um guerreiro invencível.

A natureza era responsável por várias ameaças ao ser humano, especialmente quando dinossauros selvagens devastavam aldeias inteiras, arruinando casas e famílias. O povo de Atlântida sentiu que precisava encontrar uma maneira de se proteger desses desastres. Em busca de uma solução para o problema, foram realizados experimentos para criar várias formas de vida com inteligência humana combinada com a força e a agilidade dos animais, mas nenhum deles obteve sucesso. Em vez de guerreiros invencíveis, esses experimentos produziram criaturas horrendas com pouquíssima inteligência e aparência bizarra.

Embora os experimentos redundassem num fracasso total, o povo atlante descobriu que essas criaturas poderiam ser úteis trabalhando como escravos ou cidadãos de terceira categoria. Assim, muitas criaturas metade homem metade animal foram criadas. Antes da queda de Atlântida, algumas dessas criaturas se espalharam pelo globo, seguindo os seus proprietários que migravam para países vizinhos. Em algumas regiões, como o Egito, houve tentativas para se converter essas criaturas em seres humanos normais. Graças a esses esforços e em decorrência de cruzamentos com seres humanos, essas criaturas aos poucos foram desaparecendo, embora o corpo humano ainda guarde resquícios de seus genes.

Depois dos Atlantes

Havia, entre os atlantes, aqueles que pressentiam o final da sua civilização. Antes que o império fosse abaixo, esses indivíduos decidiram deixar a nação e se mudar para nações vizinhas, levando consigo todo o conhecimento, a tecnologia e a perícia adquiridos. Por causa disso, embora o Império Atlante tenha sido eliminado do mapa geográfico e a população humana diminuísse enormemente logo depois da sua queda, a sua civilização se espalhou por várias regiões da Terra. Naturalmente, à medida que o tempo passava, a população do planeta começou novamente a crescer.

No entanto, ao contrário do que havia ocorrido com a Lemúria e com Atlântida, em vez de uma civilização dominante assumir o controle, várias civilizações e nações desenvolveram-se de modo competitivo por todo o planeta. Entre elas, há certas civilizações antigas que continuam sendo um grande mistério. Surgindo em regiões do Egito, da América do Sul e Central, e nas costas do Pacífico, havia civilizações diretamente transplantadas de outras partes do universo. Contudo, quando as suas missões e experimentos estavam concluídos, elas voltaram para as suas estrelas-natal, deixando somente vestígios de sua cultura extraordinária.

Depois dos atlantes, o crescimento da população da Terra elevou mais uma vez o nível de contaminação da energia do planeta. Muito embora os seres de elevadas dimensões ainda estivessem encarnados e ativos em suas posições de líderes espirituais, as suas atividades eram muitas vezes ridicularizadas pelo povo, cada vez mais viciado no materialismo. Em torno de cinco mil anos atrás, tomou-se a importante decisão de pôr em prática um projeto de purificação em larga escala por meio de uma inundação devastadora. As águas cobriram vastas porções de terra, mas especialmente as regiões onde a corrupção espiritual era mais grave na época, inclusive grandes partes da atual Europa e áreas em torno do que hoje é Israel, o norte da Rússia e a América do Sul. Todas as conquistas materiais do homem nessas regiões foram levadas ou cobertas pelas águas, e a maioria das áreas assoladas pelas Grandes Inundações tornou-se um território inóspito e desolado, onde não só os seres humanos, mas quase nenhuma forma de vida poderia viver. O pequeno número de sobreviventes das Grandes Inundações foi obrigado a vagar no mais completo aturdimento, até o final da vida física.

Contudo, à medida que o tempo passou, sinais de vida começaram a surgir até nas regiões mais devastadas. As Grandes Inundações foram aos poucos esquecidas e as pessoas recomeçaram a cuidar das próprias vidas, com civilizações antigas prosperando nas áreas menos atingidas. Lembranças e histórias das Grandes Inundações foram transmitidas aos descendentes, de modo que, até os dias de hoje, existem, em várias partes do mundo, lendas quase idênticas sobre elas.

Depois das Grandes Inundações

Como já havia ocorrido muitas vezes, uma grande parte da população humana pereceu depois das Grandes Inundações, o mundo espiritual ficou superlotado de seres desencarnados e a oportunidade de reencarnar escasseou. Como mencionado no capítulo Seis, de acordo com o sistema de reencarnações da Terra, a vida futura é planejada com base no carma da pessoa. Por causa desse sistema original, a oportunidade de reencarnar ficou extremamente limitada para aqueles que tinham vivido principalmente em Atlântida. Com o desenvolvimento das civilizações, no entanto, a população voltou a crescer sem controle, dando aos seres do mundo espiritual mais chance de reencarnar como seres humanos e abreviando o ciclo de reencarnações.

Para civilizar o homem espiritualmente e purificar a sua mente, alguns seres de dimensões elevadas eram convidados a vir à Terra de tempos em tempos. Eles nasciam como seres humanos para transmitir às pessoas ensinamentos espirituais e vários métodos de prática espiritual. Buda e Jesus Cristo, ambos da nona dimensão, são as personagens mais conhecidas que representaram esse papel.

Para a população em geral, profundamente apegada ao materialismo, Buda e Jesus descreveram o mundo invisível, dando ênfase à essência da vida e fazendo alusões à vida no universo. As suas mensagens muitas vezes afirmavam que a felicidade não era fruto da riqueza ou da posse de bens materiais, mas sim um estado mental. Jesus sublinhava que só se entrava no "reino de Deus" deixando a ganância para trás. Durante o período em que Buda e Jesus viveram na Terra, um número considerável de guias também encarnou. Esses guias eram discípulos, vizinhos e conhecidos desses mestres, e difundiram os seus ensinamentos espirituais de várias maneiras, para despertar a espiritualidade das pessoas.

Depois que esses grandes mestres deixaram a Terra, a espiritualidade dos homens mais uma vez decaiu, voltando praticamente ao mesmo estado de antes. Os ensinamentos verdadeiros desses seres puros e de outros mestres espirituais foram distorcidos e falsamente relatados em livros sagrados escritos muito tempo depois. Essas distorções, causadas pela falta de compreensão dos discípulos e também por ganância pessoal, foram sistematizadas e transformadas em religiões, que ainda existem nos dias de hoje e agora pregam conceitos completamente contrários ao que ensinaram esses mestres.

À medida que as religiões se tornaram mais autoritárias, os ensinamentos originais foram se perdendo ou conservados em fragmentos. Incontáveis formas-pensamento religiosas foram criadas por pessoas que desejavam poder e riquezas materiais e por religiosos que praticavam ensinamentos distorcidos. Essas formas-pensamento, inicialmente criadas por mentes humanas deformadas, ficaram mais fortes e acabaram se apoderando da consciência humana, para usar as pessoas conforme a vontade delas. Pautadas num suposto Cristo, Virgem Maria, Buda ou Deusa da Misericórdia, por exemplo, as formas-pensamento, baseadas em fortes desejos dos religiosos, ironicamente propiciaram experiências pseudo-espirituais e passaram a dominar aqueles que buscavam uma fé inconseqüente. Essas formas-pensamento, assim como outras produzidas pela idolatria, seduzem as pessoas e exaurem o espírito humano.

Na aurora do século 20, por causa da industrialização e da explosão repentina da população humana, o ciclo de reencarnações, que no passado costumava ser de alguns milhares a algumas centenas de anos, foi enormemente abreviado. Os seres extremamente materialistas de Atlântida, que não haviam tido oportunidade de encarnar depois da queda do seu império, tiveram a chance de nascer novamente na Terra.

A sociedade humana logo se tornou mais materialista ainda por causa da reencarnação coletiva desses seres. Embora com a disseminação do pensamento da Nova Era algumas pessoas tivessem passado por uma expansão na consciência, muito poucas compreenderam realmente o mundo invisível. A abundância material, seguida pelo desenvolvimento da ciência, só faz aumentar o apego aos bens materiais. Recentemente, houve um aumento no número de pessoas dedicadas à religião, mas isso não significa necessariamente que o nível médio da consciência humana tenha se elevado. Esse aumento é simplesmente resultado do medo maior que as pessoas sentem do futuro, causado pelo desenvolvimento vertiginoso da civilização material.

Orientação Cósmica Mínima sobre a Terra

Embora a Terra seja um planeta especial, criado com uma finalidade específica, ela tem servido como um lugar de aprendizado empírico desde que foi aberta para o universo. Por essa razão, a Terra permitiu aos seus habitantes todo tipo de comportamento.

É verdade que os rumos globais tomados pelo mundo material estão de acordo com o plano original do Projeto Gaia. No entanto, em circunstâncias normais, quase tudo o que acontece na Terra é determinado pela vontade coletiva dos seres encarnados; as intervenções do plano superior no mundo humano são mantidas num nível mínimo. Quando a Terra passou a apresentar uma situação extremamente indesejável, o processo de aprendizado perdeu a eficácia e os guias, que geralmente ficavam no mundo espiritual, encarnaram para desempenhar certos papéis, capazes de levar o planeta numa direção mais positiva. No entanto, como a prioridade da Terra é respeitar a vontade coletiva dos seres do mundo material, mesmo em casos como esses não são feitas intervenções mais agressivas.

Na Terra são realizadas intervenções de um destes três tipos: envio de mestres espirituais, mudança das regras administrativas e interrupção da história.

Com respeito ao primeiro tipo de intervenção, quando a sociedade humana no mundo material aproxima-se de uma situação crítica de materialismo exacerbado e um egoísmo capaz de fazer com que as pessoas se esqueçam das suas origens, a cúpula do Projeto muitas vezes permite que alguns guias encarnem em diferentes regiões do globo e atuem como mestres espirituais ou líderes sociais, para mudar o curso da história.

Algumas vezes, grandes mestres de outras galáxias, como Buda ou Cristo, foram convidados a transmitir ensinamentos espirituais e a corrigir situações em que as pessoas estavam sendo desencaminhadas pela verdade distorcida das religiões e crenças vigentes. No entanto, o resultado nem sempre foi satisfatório. Depois que os mestres deixavam o plano físico, os seguidores organizavam novos grupos religiosos e difundiam novos conceitos baseados na compreensão equivocada dos ensinamentos dos homens santos.

Houve também casos em que os gestores da Terra fizeram várias mudanças nas regras administrativas do planeta para que as experiências das pessoas fossem as mais eficazes possíveis. Por exemplo, o sistema de carma, discutido no capítulo Seis, foi introduzido com o objetivo de favorecer o aprendizado de todos os seres e torná-los responsáveis pelo seu comportamento e pelas suas palavras. O carma é um sistema em que o indivíduo que presta grande auxílio aos outros ou causa muita dor e sofrimento a uma vida, acaba por enfrentar a situação de modo invertido numa vida futura. Assim, o sistema de carma propicia uma chance para que as pessoas entendam melhor os outros seres e tenham mais consideração por eles.

Contudo, esse sistema não funcionou tão bem quanto era esperado. As pessoas encarnadas, que nada sabiam a respeito do carma ou do verdadeiro sentido da vida, faziam tudo o que estava ao seu alcance para evitar a dor e o sofrimento causado pelo seu próprio carma. Era comum vê-las expressando a sua indignação ao mundo e culpando os outros, ou às vezes o ser absoluto, quando os seus esforços para evitar a dor não surtiam o efeito esperado. Por causa desse comportamento na vida, à medida que as pessoas reencarnavam, elas tendiam a gerar mais carma, em vez de purgar o das vidas anteriores, sem dar mostras de que conseguiriam escapar desse ciclo cármico vicioso.

Diferentemente das intervenções indiretas mencionadas, a cúpula do Projeto também produzia grandes fenômenos que influenciavam os rumos da história da humanidade quando a sociedade tomava uma direção muito preocupante, em termos de aprendizado empírico eficaz. A submersão da Lemúria e de Atlântida ou as inundações em áreas predeterminadas, ocorridas cinco mil anos atrás, são exemplos de intervenções drásticas dessa cúpula.

Um pouco antes do fim da Lemúria e de Atlântida, e antes das Grandes Inundações, muitas pessoas viviam de modo extremamente egocêntrico e violento. Por causa do padrão de vida dessas pessoas, a energia da Terra estava muito contaminada com as suas emoções extremadas, como ressentimento, ódio e tristeza, e o aprendizado por meio de experiências estava ficando limitado. Essa situação não dava sinal de melhora; muito pelo contrário.

Além disso, tão logo nasciam, as pessoas eram bombardeadas por todo tipo de noção preconcebida em nome da educação. Muitas religiões, provocando medo e ansiedade, estavam ávidas para instituir um quadro de referência religioso na mente das pessoas, em nome de uma fé ou crença. Elas criavam não apenas uma horda de crentes fanáticos, prontos para fazer qualquer coisa pelos seus credos, como também inumeráveis formas-pensamento. À medida que essas formas-pensamento ganhavam impulso, com a crescente ganância e fé cega no materialismo, a Terra ficava cada vez mais contaminada e a sociedade humana, num caos ainda maior. Nessas circunstâncias, qualquer experiência ou aprendizado significativo estava quase fora de questão. Mesmo nessas situações, para dar às pessoas a oportunidade de evitar uma interrupção abrupta da história humana, mensagens de alerta eram enviadas de antemão pelos profetas ou por mestres espirituais, antes que uma decisão fosse tomada.

A Terra servia como um lugar de aprendizado por meio de experiências, por isso o livre-arbítrio de cada indivíduo encarnado num corpo físico era plenamente respeitado. Portanto, a Terra material era conduzida de acordo com a vontade coletiva das pessoas e os rumos da história, determinados principalmente pelos seres humanos que viviam no planeta. As orientações e intervenções do quartel-general do Projeto costumavam ser sutis e limitadas.

CAPÍTULO CINCO

O Corpo Humano

Quando falam do corpo humano, as pessoas geralmente se referem à estrutura óssea, aos órgãos internos, ao sistema circulatório, aos músculos e a outras partes que compõem o corpo físico. É quase impossível imaginar que, até metade da era lemuriana, os seres viviam na Terra em estado etérico. Nesse estado, o corpo não tem forma fixa e a sua aparência e função mudam conforme a vontade do ser. Nos últimos dias da Lemúria, quando a Terra foi materializada, o corpo também entrou num processo de densificação que resultou no corpo físico como o conhecemos.

Essa materialização não significou que a Terra tenha se tornado um planeta materialista. Ela se tornou um planeta dual, com um mundo com freqüências tridimensionais e outro com freqüências quadridimensionais, com muitas ondas tridimensionais se solidificando. O mundo terreno da terceira dimensão inclui tanto materiais sólidos que podem ser reconhecidos pelos cinco sentidos humanos quanto ondas tridimensionais, que cercam e sustentam esses materiais. As ondas tridimensionais não-materiais não podem ser reconhecidas pelos cinco sentidos.

Por outro lado, a quarta dimensão da Terra é um mundo de ondas não-detectáveis pelos sentidos humanos. Isso inclui não só o mundo espiritual para onde vão os seres depois da morte física, como também o mundo energético não-material onde as criações das mentes humanas existem e se mesclam. No mundo energético, que é uma espécie de parquinho das mentes humanas, os pensamentos ou a imaginação de uma pessoa podem imediatamente tomar forma e dimensão. Se um pensamento forte é repetido várias vezes, ele começa a tomar forma e pode acabar se tornando uma forma-pensamento, com vida própria.

Por causa da coexistência de dois mundos de diferentes dimensões, depois da materialização da Terra, o corpo do ser humano está ligado a ambos. Embora o corpo humano tenha se tornado muito mais sólido do que antes, ele ainda é estruturado para se comunicar com as ondas da terceira e da quarta dimensão, e até da quinta ou de dimensões superiores. Neste capítulo, eu primeiro explico o significado da materialização do corpo humano e então considero a sua estrutura multidimensional.

O Corpo Humano Materializado

Durante a última etapa da Lemúria, quando a Terra veio a ser materializada, o corpo humano também se materializou. Como será descrito a seguir, existem muitas implicações importantes decorrentes do fato de os seres humanos começarem a viver num mundo material, com corpos materializados.

Em primeiro lugar, a materialização facilitou muito o crescimento por meio de experiências. Os seres humanos ganharam cinco sentidos físicos – a visão, a audição, o olfato, o paladar e o tato –, que intensificaram as experiências num nível muito superior ao que era possível com um corpo etérico. As pessoas também passaram a ser capazes de sentir fortes emoções, especialmente a tristeza e a angústia, por meio dos órgãos sensoriais – outra impossibilidade no corpo etérico. A dor e a agonia intensas sentidas no corpo físico fizeram com que muitas pessoas considerassem a vida como um sofrimento contínuo. Algumas até preferiram tirar a própria vida quando acharam o fardo das experiências pesado demais. No entanto, apesar das dificuldades geradas pela materialização, as experiências intensas são armazenadas na memória e servem como um meio eficiente de aprendizado.

Em segundo lugar, a materialização do corpo humano criou as quatro agonias da vida – nascimento, doença, velhice e morte. Graças à sua imensa flexibilidade, o corpo etérico pode ficar na mesma condição por um tempo indefinido, mas o corpo materializado aos poucos muda com o passar do tempo. Embora o corpo materializado produza constantemente novas células para substituir as antigas e manter a forma original do corpo, as células novas podem ser ligeiramente diferentes das originais ou até mesmo degeneradas. Por isso, à medida que o tempo passa, os órgãos vão ficando mais fracos ou se paralisam. É por essa razão que a materialização do corpo humano inevitavelmente acompanha um processo de criação chamado nascimento, uma deterioração de suas funções chamada envelhecimento, um estado disfuncional chamado doença e uma interrupção dos sinais vitais chamada morte.

Até os dias de hoje, a duração da vida humana está diretamente ligada ao estado de materialização. Embora tenha aumentado em virtude do rápido progresso da medicina no século 20, a longevidade humana apresentou um declínio ao longo de toda a história da Terra. Ao contrário do corpo etérico, que nunca perde a flexibilidade, o corpo humano físico envelhece. Depois da materialização, a adaptação do corpo humano ao ambiente exterior também sofreu um declínio. Depois da Lemúria, a média da freqüência vibracional da Terra baixou, aumentando a intensidade e duração da materialização. Esses efeitos levaram o corpo humano a ficar mais sólido e, conseqüentemente, a perder a sua flexibilidade. Com isso, a expectativa de vida também foi abreviada.

No estágio inicial da materialização, a expectativa de vida de um ser humano era, em média, mais de mil anos; no entanto, essa média diminuiu drasticamente para menos de cem anos depois das Grandes Inundações, ocorridas cinco mil anos atrás. Essa diminuição radical aconteceu no mundo inteiro, mas não uniformemente. Por exemplo, a expectativa de vida em Hwan-kook manteve-se estável durante um longo tempo, mas diminuiu repentinamente quando a sociedade presenciou a derrocada da sua civilização espiritual, em torno de sete mil anos atrás.

Em terceiro lugar, a materialização do corpo humano também significou a perda das lembranças de vidas passadas. Quando os seres humanos estão num corpo físico, toda cognição e todos os pensamentos são concluídos por meio de um órgão material – o cérebro –, por isso todas as lembranças armazenadas energeticamente são perdidas. Em outras palavras, desde o nascimento num corpo físico, os seres humanos são programados para se esquecer de todas as lembranças de vidas passadas enquanto estiverem no mundo material. Com exceção de circunstâncias especiais, as pessoas não conseguem acessar essa memória anterior ao nascimento. Por isso, enquanto vive num corpo materializado, a pessoa só pode perceber a si mesma como um corpo humano visível e palpável, que respira e vive, sem conhecer o seu verdadeiro eu. Até capacidades ou conhecimentos especiais desenvolvidos ao longo de muitas vidas não passam de sentimentos vagos ao longo da vida física. Esse lapso de memória a respeito de si mesmo não é um fenômeno comum no universo, mas uma característica da Terra material.

A falta de memória de vidas passadas pode ser um ponto distintivo muito importante na Terra, onde se pretende que as pessoas tenham experiências intensas por meio dos cinco sentidos e aprendam por meio dessas experiências. Em outras palavras, a perda de memória provocada pelo corpo materializado é, por várias razões, certamente necessária para que elas aproveitem bem as suas experiências.

Uma dessas razões envolve a informação espiritual. No universo, com exceção da Terra materializada, todos os seres possuem um conhecimento espiritual ou informação espiritual perfeita. Como todos os seres compreendem totalmente a própria existência e o seu relacionamento com a origem do universo, além de viverem junto com outros seres de freqüências e características semelhantes, o acesso à informação espiritual não causa nenhuma restrição ou obstáculo à vida de qualquer ser. No entanto, no caso dos seres humanos na Terra, que convivem com um sentimento de discriminação e competição, os relacionamentos humanos seriam muito prejudicados e as experiências humanas sofreriam muitas interferências caso as pessoas conhecessem todas as informações espirituais sobre si mesmas e sobre os outros.

Outra razão é que, se as pessoas tivessem lembranças de suas vidas passadas, seria mais difícil que tivessem novas experiências na vida presente. Uma idéia muito enfatizada na espiritualidade é a necessidade de focalizarmos o momento presente. O que impede que isso aconteça são muitas vezes as lembranças do passado e a preocupação com o futuro. Quando a mente não está concentrada no momento presente, mas sim presa às lembranças do passado, podem ocorrer novos acontecimentos, mas não novas experiências. Se as pessoas se lembrarem de tudo acerca do seu passado, terão dificuldade para ter novas experiências por essa razão. Em cada vida, temos inúmeras lembranças, inclusive aquelas que não faríamos questão de ter. A recordação constante dessas lembranças causaria uma dor desnecessária. Dessa perspectiva, a falta de memória causada pela encarnação no corpo físico pode ajudar muito na criação de experiências intensas na Terra.

Por essa razão, embora muitas pessoas busquem a verdade e desejem saber mais acerca de si mesmas, o verdadeiro quadro sobre a Terra e sobre o universo foi ocultado e a verdade sobre a existência da humanidade, obscurecida. A verdade do universo descoberto pelas pessoas "iluminadas" por meio de experiências especiais ou práticas espirituais consiste, na verdade, em mero fragmento do quadro completo, e o conhecimento que essas pessoas adquirem sobre o universo é provavelmente incorreto.

Além disso, a materialização do corpo humano interrompeu a continuidade da vida devido ao processo da reencarnação. Os seres humanos materializados encarnam por meio do nascimento e continuam a viver até a morte física. Depois de certo período, o ser humano repete esse ciclo de vida e morte. Em virtude desse processo de reencarnação, foi preciso que passasse a existir um lugar de repouso para os seres que não tinham corpo físico. O mundo espiritual foi criado com esse propósito na quarta dimensão, que não pode ser percebida pelos cinco sentidos físicos. Aqueles que só aceitam o que podem perceber pelos sentidos podem sentir certa dificuldade para aceitar o sistema de reencarnação, mas a materialização do corpo humano tornou necessários o ciclo de renascimentos e o mundo espiritual.

Por fim, depois da materialização da Terra, as mentiras e a hipocrisia também se tornaram possíveis. Em vez da telepatia usada para a comunicação no estado etérico, os seres humanos encarnados só podem se comunicar por intermédio da linguagem falada e escrita. Isto é, os seres humanos não podem ler pensamentos, por isso tantas tragédias aconteceram por causa das mentiras que medram nas sociedades humanas.

Embora o excesso de mentiras seja uma das características do mundo materializado, ele também proporciona às pessoas uma oportunidade para aprenderem sobre a verdade e a honestidade. Nesse sentido, o corpo humano materializado contribuiu para modelar a Terra, tornando-a o lugar ideal para o aprendizado através de experiências.

Os seres que uma vez existiram num corpo etérico podem ser um alerta para muitas pessoas que se identificam com o corpo físico. Por meio deles, essas pessoas, que só reconhecem a vida por meio dos cinco sentidos e consideram a morte como o fim definitivo, podem ter um vislumbre de como é realmente a natureza humana.

Como vimos até agora, o corpo físico dos seres humanos não passa de um disfarce ou uma concha para o corpo integral. Cada um de nós é inerentemente um ser com consciência ou um ser espiritual, e pode ter uma forma completamente diferente da que aparenta o corpo humano físico. Quando usamos um disfarce com a forma humana, somos chamados de seres humanos. Quando usamos um disfarce com a forma de uma baleia, somos chamados de baleia. Quando usamos um disfarce com a forma de um alienígena, somos chamados de alienígena. Porém, não importa que tipo de disfarce usemos, a nossa natureza não muda. Não existe diferença entre um ser humano, uma baleia e um alienígena em termos de natureza. Desse ponto de vista, os seres humanos são apenas seres disfarçados de seres humanos.

Estrutura Multidimensional do Corpo Humano

O corpo humano depois da materialização consiste no corpo material e no corpo não-material de energia, e esses dois corpos estão ligados por meio de um portal chamado *kyeong-hyeol*, ou chakra. Os portais ficam, na maioria das vezes, abertos durante a infância, mas aos poucos eles vão se obstruindo por causa dos pensamentos negativos e da energia impura.

Na idade adulta, é comum ver esses portais bloqueados, exceto por uma estreita passagem por onde penetra uma quantidade de energia que mal sustenta o corpo. Quando a energia não circula bem, a pessoa só consegue perceber o mundo material por meio dos cinco sentidos – em outras palavras, os órgãos sensoriais materializados do corpo – e por isso só percebe o corpo físico. No entanto, as pessoas que abriram os seus *kyeong-hyeol*, por meio da prática do *gi*, do yoga ou de outros métodos, podem perceber os dois corpos simultaneamente.

As pessoas com os chakras abertos têm outro sentido, que se costuma chamar de sexto sentido. Poucas pessoas são capazes de ver a aura em torno do corpo físico, perceber a energia que envolve os objetos e sentir o movimento sutil da própria energia. O halo – a energia especial que se vê representada em volta da cabeça dos santos – foi descoberto dessa maneira e muitas vezes reproduzido nas pinturas sacras. A existência da energia humana, ou aura, não foi provada cientificamente, mas há fortes evidências de que ela existe. A forma concreta e a função da aura não podem ser mensuradas de maneira apropriada pelos instrumentos físicos, mas foram descritas através dos séculos pelos praticantes de meditação e pelas pessoas com capacidades especiais. Para apresentar uma descrição clara da estrutura multidimensional do corpo físico, eu explicarei brevemente o que se sabe até agora sobre a aura e os chakras. (Já dei essas informações no meu primeiro livro, *What We See Is Not the Only Truth.*)

A energia humana consiste em sete ou mais camadas com diferentes freqüências vibracionais. Por causa dessa distinção nas freqüências, o corpo físico sobrepõe diferentes camadas de aura no mesmo espaço. Cada camada da aura difere não apenas na freqüência, mas também no alcance, no formato e na função. As camadas áuricas de freqüência superior se estendem por um espaço muito maior do que o ocupado pelo corpo físico. Por exemplo, o corpo etérico, que é a primeira camada, tem um formato semelhante ao do corpo físico, mas se estende por todo espaço que ele ocupa e um pouco mais. Da mesma maneira, a segunda camada da aura inclui o espaço da primeira camada e se estende um pouco mais ainda que a primeira e assim por diante. O mesmo acontece com a camada superior, que se estende por um espaço maior do que o corpo físico e abrange todas as outras camadas além dele.

Cada camada da aura se relaciona a uma função humana específica. A primeira, a segunda e a terceira estão relacionadas às funções do corpo físico, enquanto a quinta, a sexta e a sétima estão relacionadas às funções espirituais. Isso significa que a energia da primeira, da segunda e da terceira camadas consiste em ondas tridimensionais que sustentam o corpo físico, enquanto a energia da quinta, da sexta e da sétima camadas são ondas quadridimensionais do mundo não-material.

Em geral, as freqüências superiores estão mais próximas da Origem do universo, por isso as camadas áuricas de freqüência mais alta estão relativamente mais próximas da Origem do universo do que as de freqüência inferior. Em outras palavras, as camadas áuricas de freqüência superior influenciam as camadas de freqüência inferior – mas o contrário não acontece.

A camada áurica mais alta é a que está mais próxima à Origem do universo e o corpo físico, que tem a freqüência mais baixa, é a parte mais periférica. É por isso que a doença se manifesta no corpo etérico, que é a primeira camada áurica, antes que os sintomas apareçam no corpo físico. Isso também explica por que a doença do corpo físico desaparece naturalmente quando a camada áurica recupera a normalidade.

As sete camadas de aura que envolvem o corpo físico estão ativas e em constante movimento enquanto estão conectadas aos sete chakras que os yogues hindus descrevem. O primeiro chakra é o portal que liga o corpo humano à primeira camada da aura, o segundo chakra é o portal que liga o corpo humano à segunda camada da aura e assim por diante. Quando o primeiro, o segundo e o terceiro chakras estão ativados, eles se conectam respectivamente à primeira, à segunda e à terceira camada áurica do corpo humano, melhorando a saúde física. Essa conexão significa que as práticas espirituais centradas na saúde física desenvolvem o primeiro, o segundo e o terceiro chakras, aumentando o fluxo da energia tridimensional entre os corpos físico e extrafísico e, portanto, melhorando a saúde física.

Por outro lado, quando o quinto, o sexto e o sétimo chakras estão ativados, eles se conectam à energia espiritual da quarta dimensão, fazendo com que a pessoa se interesse mais pela espiritualidade. As práticas espirituais que focam principalmente o crescimento espiritual desenvolvem o quinto, o sexto e o sétimo chakras, de modo que a pessoa fica mais sintonizada com a energia quadridimensional e recupera a saúde espiritual, além de manifestar faculdades espirituais.

A camada energética da quarta aura, que reflete o estado mental da pessoa no momento, está ligada ao chakra do "coração", ou *anahata*, ou quarto chakra. Esse chakra é conhecido por intervir entre as freqüências da primeira, da segunda e da terceira camadas áuricas e as freqüências espirituais de quarta dimensão da quinta, da sexta e da sétima camadas.

Como o controle do chakra do coração, inclusive a sua abertura e fechamento, fica a cargo da mente, a pessoa pode sublimar a energia física tridimensional, transformando-a em energia espiritual da quarta dimensão ou utilizar a energia quadridimensional para melhorar o seu estado de saúde. Quando a pessoa passa pela morte física, a energia humana é reconstituída. As energias físicas tridimensionais dispersam-se na Terra e o restante, as energias quadridimensionais, consolidam-se num único fluxo, partindo para o mundo espiritual da quarta dimensão.

É preciso notar que a sétima camada áurica humana armazena todos os registros do passado da alma. Qualquer um que entende um pouco do mundo energético sabe que tudo neste mundo é registrado e que esses registros nunca se apagam. Todas as almas armazenam os seus registros pessoais no corpo energético. De acordo com Barbara Brennan, especialista em aura humana conhecida internacionalmente, a sétima camada conserva as faixas das vidas passadas, que podem ser vistas como um filme. A sétima camada armazena não só as circunstâncias de cada momento, mas também todas as emoções relacionadas a essas circunstâncias. Podemos decifrar esses registros concentrando-nos na freqüência da sétima camada. Assim é possível curar várias doenças relacionadas a vidas passadas, por meio de métodos apropriados, como a hipnose usada na psicoterapia.

Dessa maneira, o corpo humano está ligado às ondas tridimensionais que sustentam o corpo físico por meio dos chakras, como também às ondas quadridimensionais que geram os pensamentos não-materiais e estimulam o interesse pela espiritualidade. Além disso, o corpo humano está equipado para sintonizar a energia da Terra e as ondas universais da quinta dimensão ou de dimensões superiores. Existem muitos outros chakras acima do sétimo, o chakra da "coroa" ou Sahasrara, que serve como um portal para a energia superior à da sétima camada áurica. No entanto, a energia que está além da sétima camada não pertence a nenhuma aura humana, mas reflete a consciência total de cada dimensão. Como a consciência da maioria das pessoas, enquanto estão na Terra, não ultrapassa a quarta dimensão, os chakras de dimensões superiores só são ativados em casos especiais.

A Flexibilidade do Corpo Humano

Embora os seres tenham sido confinados a corpos mais rígidos depois da materialização, o corpo humano ainda é mais flexível do que a maioria das pessoas pensa. Como a energia que cerca os seres humanos exerce grande influência sobre o corpo físico, e a própria energia pode ser controlada pela mente humana, as pessoas podem usar o corpo físico com certa flexibilidade. Existem muitos exemplos que demonstram até que ponto o corpo humano é flexível e o quanto a mente influencia o corpo.

De acordo com o conhecimento da medicina e da biologia, para manter um nível ótimo de saúde o ser humano precisa ingerir determinada quantidade de calorias e alimentos por dia. Se a pessoa não ingerir nem alimentos nem líquidos, ela só sobrevive por alguns dias. Se só beber líquidos, então ela consegue sobreviver no máximo um mês. Contudo, existe o caso conhecido de uma mulher que viveu durante décadas só tomando água, sem apresentar nenhum problema de saúde, e de alguns taoístas que têm uma vida saudável ingerindo apenas pequenas porções de alimento.

Todo mundo sabe que a submersão em água gelada provoca a morte de uma pessoa em alguns minutos e o ato de caminhar descalço sobre brasas causa instantaneamente graves queimaduras nos pés. Entretanto, iogues indianos já demonstraram a capacidade de sobreviver à água gelada durante horas e a caminhar sobre brasas sem sofrer queimaduras. Algumas pessoas podem achar que só o corpo de pessoas treinadas demonstra essa flexibilidade. Contudo, já foram documentados exemplos parecidos envolvendo pessoas comuns, sem nenhum tipo de treinamento especial.

O Distúrbio de Personalidade Múltipla (DPM) é um distúrbio dissociativo em que o indivíduo apresenta duas ou mais personalidades diferentes. Sempre que a pessoa com esse distúrbio muda de personalidade, as ondas cerebrais, os padrões da circulação sanguínea, a tensão dos músculos, a pulsação, as atitudes e as reações alérgicas também mudam; até cicatrizes ou outras marcas físicas aparecem e desaparecem, dependendo da personalidade. A mudança que o indivíduo apresenta de um corpo para outro é instantânea. Independentemente da sua causa, a DPM é uma forte evidência da grande flexibilidade do corpo humano.

Mesmo assim, os fenômenos que demonstram a flexibilidade do corpo humano não se manifestam na maioria das pessoas. Por exemplo, algumas podem sobreviver por muito tempo sem ingerir nenhum alimento, mas um jejum prolongado pode provocar a morte da maioria das pessoas. E a maior parte delas não sairia ilesa se caminhasse descalça sobre brasas; pelo contrário, sofreria graves queimaduras. Essas diferenças na flexibilidade do corpo humano, como se explicará no próximo capítulo, são causadas pelas diferenças nas crenças de cada indivíduo ou nas suas lembranças de vidas passadas. Algumas pessoas que tiveram grande flexibilidade corporal graças a longas práticas realizadas em vidas passadas, ou mesmo durante esta vida, não sofrem as conseqüências da falta de alimentação ou da caminhada sobre brasas sem calçado. Mas a maioria das pessoas que têm lembranças vívidas das limitações do corpo humano de fato sairá machucada se tentar imitar taoístas ou iogues bem treinados.

Conexão com a Mente

Muitos pesquisadores da verdade estudaram o poder da mente, mas não chegaram a nenhuma resposta satisfatória. Isso acontece porque o que nós chamamos de "mente" não tem uma única função nem um caráter genérico, mas é algo muito complexo, com vários recursos e funções. Por exemplo, quando as pessoas dizem que estão felizes, tristes ou "de cabeça quente", elas estão descrevendo um estado emocional da mente. Mas quando dizem, "Eu não posso ler mentes", elas estão se referindo à mente intencional profunda. E quando perguntam, "O que você tem em mente?", elas estão se referindo à vontade, aos pensamentos, às idéias ou desejos que vêm da mente.

A mente pode ser controlada pela vontade e pelos pensamentos, mas em muitos casos ela está além do nosso controle. Ocasionalmente, uma lembrança guardada nos recônditos da mente vem à tona e nos deixa tristes ou deprimidos. Às vezes, a mente muda de súbito em decorrência de um pensamento ou raciocínio, processo que pode acontecer inconscientemente. Nesse caso, a mudança é muitas vezes causada pelas lembranças do passado ou por uma energia externa. Essa energia externa pode ser de espíritos guardiões que estão nas camadas áuricas da pessoa, protegendo-a ou orientando-a para que ela não corra perigo ou não siga numa direção indesejável. Essa energia externa também pode consistir em várias formas-pensamento criadas por mentes humanas ou por almas que, por alguma razão, não puderam seguir para o mundo espiritual. Embora algumas pessoas possam se aborrecer com as suas mentes caprichosas, essas mudanças no estado de espírito são inevitáveis e podem acontecer a qualquer um e a qualquer momento.

Entre as várias facetas da mente, é a "consciência" que nos permite fazer certas coisas de acordo com a nossa vontade subjetiva. A consciência nos dá a capacidade de perceber o mundo e de sermos criativos. Ela exerce a sua importância absoluta para a vida humana por meio do chakra do coração, localizado no centro do corpo humano. Certas camadas áuricas são ativadas de acordo com o foco da nossa consciência, influenciando diretamente a forma que a nossa vida toma. Quando a consciência de um ser de freqüência mais inferior se concentra no mundo material, só as camadas áuricas tridimensionais são ativadas pelo chakra do coração, e o indivíduo conseqüentemente fica mais apegado ao corpo físico material. Em contrapartida, a consciência de um ser de freqüência inerentemente mais elevada focaliza principalmente o não-material e, portanto, as camadas áuricas quadridimensionais são ativadas e a vida espiritual passa a ser o foco da atenção.

A consciência é o instrumento concedido à alma para que ela possa explorar o mundo e aprender sobre ele. Ela permite que a alma controle ou converta energia, o que explica por que as pessoas ou purificam ou contaminam o mundo energético quadridimensional sem perceber o que estão fazendo. Tudo o que a mente visualiza ou imagina se configura dessa maneira no mundo energético. As formas-pensamento são criadas a todo instante e consistem num fator importante para a contaminação da Terra. (Consulte o capítulo Sete para obter mais informações sobre esse tópico.)

A consciência também permite ao ser humano focar qualquer freqüência e por isso torna possível a comunicação mental com ondas ou seres de qualquer freqüência. Quando a pessoa percebe claramente novas informações, a consciência possibilita a ligação com a energia relacionada ajustando a sua freqüência à freqüência dessa nova informação. Por exemplo, não é possível estabelecer uma conexão energética com plantas enquanto o indivíduo não compreender bem o estado existencial das plantas; mas, a partir do momento em que ele tomar consciência de que não existe diferença entre seres humanos e plantas do ponto de vista existencial, essa conexão se torna possível.

Quando o indivíduo interpreta o mundo de maneira equivocada ou possui informações incorretas sobre a existência de certa entidade, a consciência não consegue se ajustar à freqüência correta. Assim, sob tais circunstâncias, independentemente do esforço que se faça, não é possível estabelecer uma conexão. No mesmo contexto, enquanto as pessoas não interpretarem corretamente as mensagens do Buda, do Cristo ou de qualquer ser iluminado, de nada servirão as suas orações; elas não conseguirão se ligar a esses seres. Será muito mais provável que se liguem com as formas-pensamento que elas próprias criam, e às vezes acabem recebendo revelações deturpadas por meio da prece, da meditação ou de sonhos.

Dessa maneira, a consciência, que controla a energia por meio do chakra do coração, influencia diretamente o mundo energético e também o corpo humano. O exemplo mais comum da forte influência da consciência ou da mente sobre o corpo humano é o efeito placebo. Se uma pessoa acreditar piamente no poder de um placebo – uma pílula ou líquido inerte –, ela será capaz de curar doenças. De modo semelhante, bebidas não-alcoólicas podem deixar uma pessoa embriagada. Mulheres com grande desejo de ter filhos também podem sofrer uma gravidez psicológica.

Também é possível curar doenças ou melhorar o desempenho atlético por meio da imaginação. Esse fenômeno mostra que o corpo físico não responde ao que realmente existe, mas ao que a pessoa acredita que exista. Esse fenômeno ocorre porque a consciência, ou a mente, controla a energia humana por meio do chakra do coração e afeta o corpo físico. A mente afeta não só o corpo físico, mas também o mundo material. A existência desse fenômeno pode ser comprovada por demonstrações de psicocinese realizadas por pessoas com percepção extra-sensorial e experimentos científicos envolvendo o arremesso de dados. A mente de um indivíduo capaz de grande concentração e dotado de uma boa dose de confiança e fé manifesta grande poder.

Alguns espiritualistas exageram o poder da mente, insistindo em afirmar que o ser humano pode conquistar qualquer coisa por intermédio desse poder. Dizem também que a mente é responsável pela criação de todas as coisas da Terra. No entanto, todo ser humano que vive na Terra é um discípulo aprendendo por meio de experiências vívidas, e a mente é apenas um instrumento para possibilitar essas experiências. Isso significa que a mente não é um instrumento para a criação material, mas um instrumento básico para criar experiências. A mente só pode manifestar criações na terceira e na quarta dimensões da Terra.

CAPÍTULO SEIS

A Vida das Pessoas da Terra

Ao contrário da maioria das estrelas e planetas do universo, a Terra se formou por meio de um processo especial e tem uma finalidade única. De modo geral, as estrelas e planetas do universo têm funções e características relativamente simples. A dimensão de uma estrela e as suas leis de funcionamento são determinadas de antemão, quando a estrela é criada, e somente seres com freqüências vibracionais e características compatíveis com essa estrela têm permissão para habitá-la.

Em comparação, a Terra foi criada para gerar e cultivar um tipo especial de energia que fortaleceria a conexão com a Origem. Por esse motivo, todos os seres que expressaram o desejo de vir para cá e viver experiências diversas foram aceitos como residentes do planeta. Portanto, a Terra, que serve de morada para muitos seres diferentes de toda a galáxia, é um planeta sem paralelo em muitos aspectos, até mesmo do ponto de vista cósmico.

Como já foi mencionado, depois de ser criada e permanecer no estado de ondas luminosas durante um longo período, a Terra, em seu estado etérico, foi aberta para o universo, milhões de anos atrás. Daí em diante, a Terra passou a ser um lugar de aprendizado para seres que queriam passar pela experiência da energia da Terra. Desde a materialização do planeta, os seres humanos repetem, por meio do sistema de reencarnação, o ciclo de experiências seguido por um período de descanso. Por meio dos cinco sentidos, os seres humanos puderam ter experiências vívidas na Terra material da terceira dimensão e depois passar algum tempo descansando e recarregando as baterias no mundo espiritual da quarta dimensão.

Embora a Terra possibilitasse experiências de aprendizado a todos os seres em sua atmosfera, os seres humanos que viviam no planeta material perderam o senso de identidade quando se esqueceram das suas vidas passadas. Muitos se sentiram sufocados e ficaram ansiosos para encontrar o significado das suas existências; aqueles que tinham fortes sentimentos com relação ao universo além da Terra foram os que se sentiram mais frustrados. As poucas pessoas que viveram vários fenômenos espirituais puderam sentir a existência de outros mundos e superar o medo de morrer ou de perder o corpo físico.

No entanto, as experiências espirituais não levaram as pessoas a chegar a conclusões corretas sobre o mundo das energias e o universo, nem lhes proporcionaram um entendimento exato desses assuntos. As pessoas que só compreendiam vagamente o mundo espiritual e o carma muitas vezes viviam preocupadas com as recompensas ou castigos que julgavam merecer depois da morte. Algumas passaram a ter uma compreensão maior da essência da vida depois de passar por experiências energéticas especiais ou pela "iluminação". Contudo, até essas pessoas "iluminadas" podiam não perceber o mundo extrafísico. Elas podiam acreditar que o mundo era composto de céu, terra e seres humanos, mas o céu por elas concebido era meramente o mundo espiritual da quarta dimensão.

Este capítulo examina a verdadeira natureza dos seres humanos e da vida. Ainda que existissem muitas pessoas iluminadas na Terra, a percepção delas tinha limites e nenhuma delas era capaz de explicar com clareza o verdadeiro significado da humanidade e da vida humana. A razão, evidentemente, é o fato de a Terra ser um local de aprendizado por meio de experiências, um processo que inclui o total esquecimento do passado. Como foi mencionado no capítulo Cinco, se as pessoas fossem capazes de preservar a lembrança do significado da vida e estivessem plenamente conscientes da sua identidade durante as experiências físicas, a eficácia do aprendizado seria muito menor.

No entanto, agora é hora de as pessoas acordarem do seu longo esquecimento e sono momentâneo, para reavaliar o passado e perceber quem são. Como foi descrito na Parte Três, o papel da Terra como local de aprendizado chegou ao fim. É hora de todos os habitantes do planeta encerrarem o seu tempo na Terra e partirem para outros lugares mais apropriados.

O Sistema de Reencarnações

Quando a Terra começou a se materializar, a continuidade da vida foi interrompida e as pessoas começaram o seu ciclo de reencarnações. Desde então, a Terra passou a servir apenas como local de aprendizado, onde todos os seres circulam entre o mundo material da terceira dimensão e o mundo espiritual da quarta. Quando o mundo material passou a receber seres de todo o universo e também aqueles que passaram pela morte física, o sistema de reencarnações passou a vigorar plenamente.

O mundo espiritual era não só um lugar de descanso repousante para os seres, depois das experiências espinhosas do mundo material, mas também um local para experiências diversas. Até agora, as pessoas têm ou um conhecimento praticamente nulo ou fragmentado do mundo espiritual. Algumas o imaginam como *Sukh vati*, a morada da felicidade perfeita, como céu ou como um paraíso onde vivem deuses e anjos.

Outras pessoas pintam um mundo sombrio e melancólico de fantasmas ou um lugar onde o rei dos infernos julga os mortos e os recompensa ou castiga com base nos atos que praticaram na Terra.

Como grande parte das informações sobre espiritualidade, essas imagens fictícias sobre o mundo espiritual estão muito longe da realidade. O mesmo pode-se dizer das visões tidas nas experiências fora do corpo ou durante a meditação. Normalmente, essas visões retratam apenas uma parcela do mundo espiritual ou do mundo fantasmagórico criado pela mente humana.

Em resumo, o mundo espiritual consiste em vários lugares com funções diferentes: o "lugar para recordar a vida passada", o "lugar para completo descanso", o "lugar de atividades", o "lugar de preparação para a encarnação seguinte" e outros locais com finalidades específicas. Todos os seres – sejam eles pessoas, animais ou qualquer outra forma de vida – são conduzidos ao mundo espiritual depois da morte física.

O primeiro local ao qual chegam todos os seres depois da morte física é o "lugar para recordar a vida passada". Nesse local, com a ajuda de conselheiros que trabalham no mundo espiritual, cada pessoa revê todos os momentos da sua vida passada e tem tempo para demonstrar arrependimento – não o arrependimento do ponto de vista da sociedade humana, mas do ponto de vista do crescimento espiritual a partir de experiências. Depois de terminar esse processo, os recém-chegados ao mundo espiritual passam para o "lugar de completo descanso" ou para o "lugar de atividades".

Os seres que passaram por experiências extremas na Terra física podem ir para o "lugar de completo descanso", enquanto os outros são transferidos para o "local de atividades", que é vasto e composto de muitas partes diferentes. Com base em diversas considerações – inclusive o tipo de vida que levavam na encarnação passada, as suas freqüências originais, as suas experiências passadas e o plano encarnatório seguinte –, cada recém-chegado é levado para uma parte desse "lugar de atividades", e na maioria das vezes permanece ali até a encarnação seguinte. Embora seja verdade que a maior parte do aprendizado dos seres da Terra é resultado de experiências no mundo físico, ele também acontece no mundo espiritual.

O "lugar de preparação para a encarnação seguinte" é a última parada dos seres destinados a ingressar na Terra física outra vez. Nesse local, com o auxílio profissional de um planejador da vida, cada ser planeja a sua vida seguinte na Terra material.

No mundo espiritual, existem muitos seres, chamados na Coréia de *Shin-myeong*, que assumem vários papéis. Por exemplo, existem seres que conduzem os mortos da Terra física para o mundo espiritual ou ajudam os seres a entrar na Terra física. Alguns seres atuam como conselheiros, dando as boas-vindas aos seres que chegam do mundo material, ajudando-os a rever a vida que acabaram de concluir e ampliando a sua consciência. Também existem planejadores que ajudam as almas a planejar a vida seguinte.

Além disso, existem seres que atuam como administradores do mundo espiritual. Embora supervisionem a Terra da terceira e da quarta dimensão e cuidem para que o planeta siga na direção desejável, a maneira como eles trabalham aqui é muito diferente da maneira como trabalham em outras estrelas. Na maioria delas, todos os habitantes tomam parte de uma discussão e os administradores colocam em prática as decisões do grupo. Na Terra, no entanto, para que seja possível criar um centro de aprendizagem, é preciso que se exerça um controle indireto e dissimulado.

Em certas ocasiões, quando o mundo material perdia de vista o seu propósito e as pessoas começavam a ficar cada vez mais obcecadas pelos bens materiais, os guias eram enviados ao mundo material para assumir papéis ativos como líderes espirituais. Durante o período de vida dos guias, o mundo geralmente tomava um rumo favorável, mas depois que eles retornavam ao mundo espiritual, as pessoas muitas vezes voltavam a viver cheias de ciúme, ressentimento, egoísmo, discórdia e hostilidade. Elas até organizavam religiões e doutrinas que lhes evocavam a lembrança dos ensinamentos valiosos dos líderes espirituais, mas isso só servia para causar um caos ainda maior.

O mundo espiritual, como já foi mencionado, servia como uma escola preparatória onde os seres se preparavam para a vida seguinte na Terra. Por causa de acontecimentos como a submersão da Lemúria, a queda do Império Atlante e as Grandes Inundações, a população da Terra repetia um padrão de progresso temporário seguido de uma queda drástica. Por conseguinte, a maioria dos seres passava muito mais tempo no mundo espiritual do que no mundo físico, e a oportunidade de reencarnar em geral era rara.

Para remediar essa situação, um grande preparo foi feito para maximizar o processo de aprendizado durante a permanência no mundo físico. Seres planejaram as suas vidas futuras meticulosamente e se prepararam de muitas maneiras para obter uma expansão na consciência. Ainda que a intensidade da vida no mundo espiritual fosse muito menor do que no mundo material, os seres que se encontravam no mundo espiritual também podiam aprender muito com os seus vários papéis e atividades. O modo como os seres aproveitavam o seu tempo nesse mundo também era um fator importante para a expansão da consciência.

A reencarnação geralmente acontecia em grupos, o que significava que seres que se conheciam muito bem de vidas passadas costumavam nascer juntos na mesma região e na mesma época, para viver vários tipos de relacionamentos entre si. Esse grupo experimental era muitas vezes formado com a concordância prévia de todos, enquanto planejavam as suas vidas futuras, mas o objetivo da reencarnação em grupo em geral era resolver o carma criado por esses seres em vidas passadas.

As pessoas criavam diferentes tipos de carma durante as suas vidas na Terra material. Elas então nasciam novamente com almas com quem tinham alguma ligação, com o objetivo de saldar os débitos cármicos contraídos no passado. No entanto, durante esse processo, esses seres criavam novos carmas com seres com quem antes não tinham nenhum relacionamento e, assim, precisavam nascer novamente com essas almas para saldar esse novo carma. Por essa razão, era comum que os seres reencarnassem em grupo. Esse fenômeno é chamado de "reencarnação coletiva" em alguns livros.

Em geral, o carma é visto como um pagamento efetuado numa vida futura por algum dano físico ou mental que a pessoa possa ter impingido numa vida passada ou uma recompensa por todas as boas ações praticadas numa vida pregressa. Muitos espiritualistas aceitaram o conceito de carma como uma lei de causa e efeito, ou como as conseqüências naturais por boas ou más ações. Eles acreditam que uma vida de alegria e abundância é resultado de boas ações numa vida passada, e uma vida de grande sofrimento é causada por más ações numa vida passada. Esses sintomas existem, mas a essência do carma foi mal interpretada.

O carma, na realidade, era uma importante lei da reencarnação que foi introduzida na época da materialização da Terra. Ao contrário da idéia que a maioria das pessoas tem de recompensa e castigo, paralela ao conceito de céu e inferno, a lei do carma foi criada para estimular a responsabilidade das pessoas com relação às suas palavras e atitudes e para que elas aprendessem muito bem com essas experiências. Se uma pessoa causa o sofrimento de outra, magoa-se com ela, fica ressentida ou até o oposto – sente alegria e apreço –, ela viverá a situação oposta com esse mesmo ser em outra vida.

O aprendizado sobre os relacionamentos humanos pode ser concluído por meio da experiência da situação oposta ou da situação original. A princípio, esse carma se restringia aos relacionamentos entre almas individuais, mas posteriormente a sua aplicação se tornou mais ampla. Por exemplo, se um indivíduo maltratava animais numa vida, numa encarnação futura ele podia renascer no corpo de um animal vítima de maus-tratos.

O carma também pode ser explicado do ponto de vista da energia. Se uma energia em particular se acumula num relacionamento, essa energia continuará a influenciar de muitas maneiras não só a vida da pessoa que a irradiou, mas também a vida da outra pessoa em questão, até que a situação se resolva. Por exemplo, se uma pessoa sentiu ódio ou uma raiva intensa de outra ou até da sociedade, então ela acumulará uma grande dose de energia negativa e, naturalmente, a mente e o comportamento dela serão influenciados por essa energia. Portanto, para corrigir essa mente e comportamento distorcidos, a energia emocional amarga e carregada da alma precisa ser resolvida.

O sistema de carma ajuda a liberar a energia acumulada por meio dos relacionamentos mútuos. Se alguém odiava outra pessoa numa vida, esse ser resolverá a energia emocional acumulada encontrando a outra pessoa que causou esses sentimentos, vivendo a situação oposta numa outra vida. Se a situação não for resolvida numa vida, ela se repetirá até que isso aconteça.

Muitas pessoas acreditam que a vida é controlada pelo carma e que toda ação gera carma. No entanto, isso não é verdade. Houve ocasiões em que alguns seres, enquanto planejavam a sua vida seguinte no mundo físico, assumiam papéis que lhes possibilitavam criar condições e circunstâncias para que uma sociedade inteira passasse por uma grande dor. Nesse caso, embora o indivíduo de fato causasse uma tragédia e fosse, portanto, responsável por acontecimentos na vida física, da perspectiva espiritual, ele estava apenas cumprindo a sua missão, conforme fora planejado. Nesses casos, a regra do carma não se aplica. Embora algumas pessoas falem do carma de grupos étnicos ou de nações, o carma é uma lei que só se aplica no nível individual.

Como atores que sobem no palco, todos os seres da Terra são meros aprendizes que ensaiaram no mundo espiritual, representaram no mundo material experiências vívidas e variadas e depois desceram do palco e voltaram para o mundo espiritual, seguindo as leis da reencarnação. É verdade que quase todo mundo reclama das agruras da vida, mas isso só acontece porque elas se esqueceram de quem são e da razão de estarem aqui.

O sofrimento só pode ser amenizado ou acabar de vez por meio da compreensão da reencarnação. No entanto, até agora, esse autodespertar só foi permitido em casos especiais, pois as experiências foram muito mais eficazes quando as pessoas viveram às cegas. Em outras palavras, a Terra tem sido um lugar para se viver experiências por meio de emoções intensas, por isso o claro reconhecimento das circunstâncias únicas da Terra só é permitido quando o programa é concluído.

Seres que se Lembram de Tudo o que Viveram no Passado

Quase todas as pessoas que foram mordidas por cães na infância ficam com medo dos cães pelo resto da vida, enquanto as que quase se afogaram têm dificuldade para se livrar do medo de água. A criança que tem pais amorosos com toda a probabilidade terá atitudes positivas com relação às outras pessoas, mas aquela cujos pais não eram pessoas confiáveis provavelmente terá dificuldade para confiar nos outros, especialmente no sexo oposto. Muitos veteranos de guerra ainda sofrem de insônia ou de distúrbios mentais, para não mencionar os ferimentos físicos que podem ter sofrido. Em geral, as pessoas aceitam a idéia de que lembranças do passado afetam o nosso estado mental no presente.

As lembranças do passado não só afetam as pessoas mentalmente, como também influenciam diretamente o corpo físico, causando alguns tipos de problemas como alergias. Por exemplo, um homem que tenha comido um pêssego estragado na infância, pode ter alergia a pêssegos pelo resto da vida. A lembrança do mal-estar causado pelo pêssego estragado penetra no subconsciente, fazendo com que o corpo passe a ter aversão até mesmo pelo cheiro da fruta. De modo parecido, alguém que tenha uma forte alergia de gatos já começa a espirrar antes mesmo de saber que há um gato por perto.

Na verdade, os seres humanos são extremamente influenciados pelas experiências do passado. Porém, as lembranças a que me refiro não pertencem apenas à vida presente, mas também às de vidas passadas. Todos os acontecimentos ocorridos em outras vidas, e as emoções associadas a eles, estão armazenados na aura humana. Esses registros vêm à superfície de vez em quando na forma de fortes "sentimentos", provocando emoções como dor e tristeza. Nesses casos, porém, a consciência mais superficial não sabe o que está causando essas emoções.

A influência que as lembranças de vidas passadas exercem sobre as pessoas pode ser dividida em categorias. Primeiro, as lembranças de vidas passadas causam dores no corpo físico. Existe uma história muito conhecida de um homem que sofria de fortes dores no ombro direito, sem saber o que as causava. Numa terapia de regressão a vidas passadas, ele descobriu que teve uma morte dolorosa devido a uma seta envenenada que lhe transpassou o ombro. A forte lembrança da dor dessa vida passada ainda era nítida na vida presente. De acordo com a medicina moderna, as dores e os males persistentes que não têm explicação médica podem ser considerados simplesmente problemas psicológicos. A verdade, no entanto, é que eles muitas vezes estão relacionados a experiências de vidas passadas.

Fobias de certos objetos ou ambientes também são causadas por lembranças de experiências passadas. Muitas pessoas têm medo de altura ou de espaços fechados, medos que muitas vezes se relacionam a uma outra vida. Essas pessoas podem ter lembranças de uma morte causada por uma grande queda ou pelo confinamento num espaço exíguo numa vida anterior.

As fobias sociais ou o medo de água, do fogo ou de outras pessoas também podem resultar de experiências dolorosas de vidas passadas.

Quando eu visitei Los Angeles, no verão de 2004, conheci uma senhora que sentia pavor de morrer sempre que o nível da água lhe chegava ao peito. Durante uma regressão a uma vida passada, ela se lembrou de que tinha vivido na Tailândia quinhentos anos antes. Durante essa vida, ela viu os familiares e outros moradores da sua aldeia sendo levados pelas águas de uma enchente, enquanto ela mesma estava mergulhada na água até o peito. Ela, evidentemente, lembrava-se do sentimento profundo de dor e medo que sentiu naquele momento.

No caso de uma doença relacionada a experiências de vidas passadas, a mera consciência da causa da doença pode proporcionar uma melhora rápida ou até mesmo a cura completa. Por exemplo, no caso de um paciente com uma dor inexplicável no ombro, a chave da cura pode ser a descoberta de que o ferimento no ombro ocorreu numa vida passada. No momento em que ele descobrir que a causa da dor pertence ao passado e não à vida presente, a dor pode desaparecer da noite para o dia ou ficar muito mais amena. Essa cura ocorre devido à constatação de que não há razão para se sofrer mais.

As lembranças de vidas passadas também exercem grande influência sobre os relacionamentos pessoais e as preferências materiais desta vida. As pessoas vivem várias encarnações sucessivas no mundo material com outras com quem tinham grande afinidade em vidas passadas. Apesar da aparência e das circunstâncias diferentes, os relacionamentos com conhecidos do passado exercem grande influência sobre a vida presente. Você poderia sentir uma forte atração ou uma profunda aversão por uma pessoa, sem nenhuma razão aparente, em decorrência de lembranças de vidas passadas.

Se você se sente muito atraído por determinada cultura, estilo de vida, lugar ou comida, é possivelmente porque já se acostumou com essas coisas em vidas passadas. Por exemplo, uma pessoa que viveu no Egito numa vida pregressa pode usar um penteado ou uma roupa de estilo egípcio nesta vida sem nenhum motivo especial. Ou ocidentais que viveram no Oriente em outras vidas podem se interessar pela cultura e pelo povo oriental nesta vida, sem nenhuma causa aparente.

As lembranças de vidas passadas também influenciam as nossas tendências e disposições nesta vida. Mesmo que a pessoa seja do sexo masculino nesta vida, ela pode demonstrar trejeitos femininos, caso tenha optado por ser mulher em muitas vidas consecutivas. O mesmo pode acontecer com uma mulher que tenha vivido muitas vidas como homem. Alguém que foi guerreiro ou soldado em vidas passadas pode ter a tendência de ser violento. Um seguidor de Buda durante o período Shakyamuni provavelmente viveu muitas vidas como budista a partir daí, por causa da forte atração que essa filosofia exerce sobre ele.

Da mesma maneira, um discípulo de Cristo ou de São João Batista provavelmente foi cristão em muitas vidas subseqüentes. Pessoas com lembranças de vidas em que foram animais podem muitas vezes mostrar tendências semelhantes às desse animal. As pessoas que já foram plantas muitas vezes preferem as plantas e a natureza em detrimento dos seres humanos.

Em terceiro lugar, as lembranças de vidas passadas às vezes se manifestam como dons especiais. Lembranças armazenadas na aura humana podem vir à tona durante a meditação ou nos sonhos, ou podem voltar à memória em casos excepcionais. Embora essas lembranças de vidas passadas costumem surgir só na forma de sentimentos vagos, segundo estudos acadêmicos é possível que elas surjam na infância. À medida que a criança cresce, no entanto, essas lembranças costumam ir se apagando em razão do grande fluxo externo de informações.

Diferentemente do conhecimento intelectual, as habilidades que o nosso corpo físico desenvolve numa vida passada – como os movimentos do yoga, a prática do *gi*, os dons artísticos ou outros movimentos – emergem facilmente na vida presente. Por exemplo, alguém que foi pintor ao longo de várias vidas, pode mostrar dotes artísticos sem fazer muito esforço. Uma mulher que trabalhou como engenheira arquitetônica durante a construção das pirâmides egípcias pode exibir um grande pendor para a geometria durante os anos escolares.

Experiências mais intensas de vidas passadas produzem fortes lembranças, por isso influenciam mais intensamente a vida presente. Pode haver muitos casos de pessoas que foram separadas de um ente querido devido a um acidente ou à morte. Nesses casos, a pessoa carrega a lembrança dolorosa da separação, além de uma grande saudade do seu par. Se essa pessoa encontrar o seu amado numa outra vida, fortes emoções irromperão no seu peito, ao lado do sentimento desagradável de que poderá repentinamente se ver mais uma vez apartada do seu amor.

A história a seguir, datada de dois mil anos atrás, pertence a uma das minhas vidas passadas, em que fui um membro da nobreza. Nessa vida, durante uma cavalgada na costa oriental da península coreana, conheci uma moça de 18 anos de idade, filha de um pescador. Nós nos amamos profundamente durante três anos, até que fomos separados por alguma razão. Inconformada e nutrindo o mesmo amor profundo por mim, ela recusou todas as propostas de casamento que recebeu e permaneceu sozinha até morrer, aos 48 anos. Na sua vida presente, ela conserva o mesmo amor por mim. Mas, embora me ame, tem muito medo da separação, por causa das lembranças dessa vida passada. Essas lembranças influenciam muito as suas atitudes e o seu comportamento com relação a mim, e tornam o nosso relacionamento muito difícil.

As pessoas às vezes vivenciam um grande afluxo de lembranças de vidas passadas ou vêem de relance cenas dessas vidas durante meditações ou em sonhos. Eu conheci várias pessoas que falam fluentemente línguas de vidas passadas durante sessões de regressão ou que repetem a mesma frase proferida numa vida pregressa. Eu, particularmente, já testemunhei uma pessoa cuja consciência deu um salto para uma vida passada e permaneceu nessa vida durante alguns dias, sem hipnose. Como todas as lembranças estão registradas na aura da pessoa, sempre que se dá um estímulo a uma memória ou personalidade do passado, ela pode vir à tona.

É também muito comum encontrar pessoas que visitem um lugar onde costumavam viver no passado e sintam certa nostalgia ou visualizem fragmentos dessa vida. Como parte da energia da pessoa permanece nesse local, ele estimula ou amplia as memórias registradas na aura. Durante o verão de 2004, eu estava dirigindo por uma planície do Grand Canyon, no Arizona (EUA), na companhia da minha filha, que é estudante universitária. Durante a viagem, ela viu a si mesma numa vida passada, quando residia na região do Arizona, séculos atrás. Enquanto se lembrava, cenas vívidas dessa vida passaram diante dos seus olhos como numa tela de cinema.

Tudo o que vivemos em vidas passadas está guardado, mas não com o mesmo significado ou força. Por isso, algumas lembranças tendem a nos afetar mais do que outras. Quando eu publiquei no meu site um ensaio chamado "Lembranças da Lemúria", soube que várias pessoas irromperam em lágrimas durante a leitura. Algumas começam a chorar só ao ler a palavra "Lemúria" ou sentem o coração aos saltos ao ouvir sobre os guias relacionados ao Projeto Gaia. Isso é possível porque existem lembranças de uma vida na Lemúria, ou como guia, fortemente registradas na aura dessas pessoas.

Em geral, as lembranças de vidas passadas influenciam tanto esta vida quanto as lembranças do nosso passado na vida presente. Em termos de intensidade, as experiências desta vida que estão registradas no nosso cérebro assim como na aura podem ser mais fortes que as experiências de vidas passadas. No entanto, as lembranças de vidas passadas são mais numerosas do que as desta vida, por isso a sua influência é muito maior do que as pessoas imaginam. Muitas personalidades de vidas passadas coexistem com a da vida atual, e em casos especiais essas personalidades podem vir à tona. De acordo com a medicina moderna, que não compreende a essência da vida humana, isso poderia ser diagnosticado pelos psiquiatras como uma instabilidade mental e rotulado como esquizofrenia ou distúrbio de personalidade múltipla.

Como mencionado anteriormente, a idéia de que o passado está morto e é irrelevante para a vida presente está muito longe de ser verdadeira. Neste mesmo instante, as lembranças de vidas passadas estão exercendo uma influência direta sobre a vida atual das pessoas, por meio de pensamentos e emoções. Em outras palavras, as lembranças de vidas passadas, ao lado das da vida presente, compõem o ser que chamamos de "Eu", o que significa que o ser humano pode ser definido como um ser que reage ao mundo exterior com base em todas as suas lembranças do passado. Se dois seres são diferentes na aparência, mas guardam exatamente as mesmas memórias, eles são o mesmo ser. Em contrapartida, dois seres com a mesmíssima aparência, como gêmeos idênticos, podem ainda assim ser dois seres diferentes, caso as suas lembranças não sejam as mesmas.

Experimentadores Vivendo Vidas Planejadas

Todo ser planeja e prepara a sua próxima vida enquanto está no mundo espiritual. Esse plano inclui o lugar onde ele vai nascer, como e com quem vai crescer, quem vai conhecer, as experiências que viverá e como concluirá essa vida. Contudo, esse plano de vida é complexo demais para uma pessoa elaborar sozinha. Para planejar uma nova vida, é preciso levar em consideração todas as vidas passadas e decidir que novas experiências são mais necessárias. Depois as opções disponíveis são analisadas.

Para esse plano, a pessoa precisa saber o que vai acontecer no mundo tridimensional por volta da época em que ela vai encarnar e qual é o carma que precisa ser resolvido nessa vida. Ela também precisa conhecer as principais leis da reencarnação e ter, de antemão, a autorização das pessoas com quem vai se envolver nessa vida futura. Além disso, existem certos papéis específicos que exigem algumas qualificações. Como há muitos elementos que precisam ser levados em conta, o planejamento da vida futura não pode ser feito por um único indivíduo. Ele precisará da ajuda de especialistas da quarta dimensão.

Uma das questões mais importantes no planejamento da vida é a seleção dos pais, pois o relacionamento que a pessoa tem com eles determina muitos fatores na vida que ela tem pela frente. Antes de mais nada, determina-se a genética, que depende dos pais escolhidos, pois ela exerce enorme influência sobre as condições e predisposições físicas.

A escolha dos pais também determina o ambiente em que a pessoa passará a maior parte da infância, que inclui o lar e a escola. Esses ambientes influenciarão diretamente o seu caráter e os rumos que tomará a sua vida. À medida que as pessoas vão ficando mais velhas, elas passam a pensar que são livres para tomar as suas decisões a bel-prazer, mas a verdade é que as decisões são sempre influenciadas pelas noções preconcebidas e pelo conhecimento que adquirimos principalmente na infância. Nesse sentido, depois de que os pais da próxima vida foram selecionados, boa parte do planejamento já está concluído. Pode-se dizer que o esquema de uma vida está praticamente pronto depois que se escolhem os pais e os vários acontecimentos que os seres humanos chamam de "coincidências".

Numa sociedade que faz da busca pela felicidade uma prioridade, as pessoas que vêem o dia-a-dia como um fardo podem se perguntar, cheias de descrença, "Quem planejaria uma vida tão difícil para si mesmo?" Essa é uma pergunta muito natural para a maioria das pessoas, que ainda olham a vida de um ponto de vista material, esquecidas de quem são. Mas ela deixará de fazer sentido quando elas começarem a compreender o verdadeiro significado da vida.

O propósito da vida de todos os seres na Terra é vivenciar e aprender cada lição por meio de experiências. Aprendemos vivendo na pele o sucesso ou o fracasso, mas o aprendizado é muito maior quando resulta de experiências tristes e dolorosas do que de experiências felizes. Quando um ser planeja a sua vida futura, esse planejamento visa primeiramente ao aprendizado, sem levar muito em consideração a dor física ou a felicidade do ponto de vista humano. Por isso, experiências de dor e pesar, se necessárias, são escolhidas e inseridas no roteiro da vida. Existem, é claro, muitos outros elementos a se considerar, mas a vida futura é planejada do ponto de vista do crescimento da consciência e das experiências vividas no passado.

As pessoas com *hyeols* (ou pontos de acupuntura) abertos podem ocasionalmente passar por experiências de *déjà vu*, mas aquelas que nunca participaram de nenhuma prática ou exercício também podem passar por essas experiências. O *déjà vu* é o fenômeno em que a pessoa observa certa cena ou passa por uma determinada situação no presente e tem a forte impressão de que já viveu essa cena ou situação antes. O *déjà vu* pode acontecer por várias razões, mas às vezes ele resulta da lembrança de uma experiência da vida atual, enquanto ela ainda era planejada.

O fato de que as próprias pessoas planejam a vida delas antecipadamente não é um conceito aceito com facilidade pela maioria das pessoas – inclusive por aquelas que se consideram instruídas a respeito do mundo invisível. Essas pessoas podem se perguntar como é possível planejar com detalhes uma vida quando tantos acontecimentos diferentes ocorrem na vida de uma pessoa e ao mesmo tempo na de todas as outras.

Outros podem se perguntar como é possível planejar a vida de certo indivíduo se todo o futuro dele tem de ser previsto de modo quase perfeito. Alguns espiritualistas vêem cenas de acontecimentos futuros durante a meditação ou em sonhos, ou descobrem pessoas que são capazes disso, por isso aceitam naturalmente que a clarividência ou a profecia são fenômenos possíveis. Ainda assim eles se perguntam como alguém pode planejar a própria vida antecipadamente.

Quando as pessoas começam a entender como o universo funciona, elas logo percebem que prever o futuro a partir de um mundo de uma dimensão mais elevada não é tão difícil assim. Todas as lembranças de um ser estão armazenadas na aura dele e, além disso, todos os acontecimentos do universo estão perfeitamente registrados e podem ser reproduzidos sempre que necessário. Nos mundos das dimensões mais elevadas do universo, todas as lembranças passadas de todos os seres são plenamente conhecidas, e sabe-se de antemão como elas influenciarão os pensamentos e decisões do ser, por isso as decisões que ele tomará em determinados momentos podem ser previstas. Portanto, quando as principais decisões acerca da vida futura do ser já foram tomadas – como a escolha dos pais, das pessoas que ele conhecerá e das "coincidências" que ocorrerão na vida dele –, o planejamento já está praticamente completo.

Embora a vida dos seres seja programada antecipadamente, nem sempre a vida segue exatamente como foi planejada. Quando a alma está no corpo físico, as lembranças da pessoa se resumem a sentimentos vagos. Por isso não se sabe muito bem como essas lembranças influenciarão as decisões que ela tomará na vida. Por essa razão, o chamado livre-arbítrio humano desempenha um papel importante na vida humana. As energias externas com que os seres humanos entram facilmente em contato, como as formas-pensamento, também podem fazer com que a pessoa se desvie do caminho que lhe foi traçado. (Veja o capítulo Sete para obter mais informações a esse respeito.) Por esse motivo, não há nenhuma garantia de que a vida seguirá conforme o planejado.

Pode parecer uma ironia, mas durante o planejamento de uma vida sempre se leva em consideração a possibilidade de a pessoa se desviar desse plano devido às muitas variáveis da vida. Em geral, as pessoas vivem e morrem mais ou menos conforme o planejado. Quando elas reconhecem a importância de seguir os seus sentimentos interiores, não há muita possibilidade de que se desviem do plano original. Independentemente do tipo de vida planejado, ele representa sempre o melhor para o crescimento da consciência da pessoa, por isso é muito importante que ela siga o coração.

A vida real de um indivíduo pode ser muito diferente do seu plano original, mas aqueles que foram designados para representar papéis importantes ou especiais são protegidos e conduzidos por guias espirituais, que evitam que elas se desviem da sua missão. Em nome do Projeto Gaia, um plano de larga escala para o universo, um grande número de seres de dimensões elevadas veio à Terra na forma energética para proteger os guias de ocorrências não previstas. Enquanto os guias que vieram à Terra como seres humanos estão se preparando para as suas missões, seres em corpos energéticos protegem e orientam cada um deles para que continuem a viver conforme o planejado.

Experimentadores da Energia Única da Terra

Atualmente, seres de freqüências e propósitos muito diferentes vivem juntos na Terra. Em termos de freqüência, todos os tipos de seres, da décima até a primeira dimensão, convivem juntos. O objetivo das visitas desses seres varia muito. Alguns foram enviados como guias do Projeto Gaia, com missões relacionadas à formação, ao controle e à administração da Terra. Enquanto alguns seres vieram à Terra para vivenciar a energia única deste planeta e passar por várias experiências, outros vieram simplesmente porque se sentiram atraídos por este lindo planeta verde e azul. Não importa a razão da visita, qualquer um que venha à Terra sente a sua energia incomparável e aprende com ela.

Desde os seus primórdios, o objetivo da Terra foi elevar a consciência de toda a galáxia. Por isso, ela tem uma energia especial que outros planetas não têm, além de características peculiares, como o processo de aprendizado pelo qual passam todos os seres que nela habitam. Acima de tudo, a energia da Terra aceita e permite o que quer que seja. Todas as ações praticadas no âmbito da energia terrena são toleradas, compreendidas e relevadas, o que garante que nenhum ato ou comportamento existente da Terra material signifique punição ou desvantagem futura. Graças ao seu caráter único, a Terra é um lugar perfeito para experiências de aprendizado. Se essas experiências servirem de fato de lição, significando uma elevação na consciência, elas não podem ser julgadas boas ou ruins.

O aprendizado acontece não apenas com pensamentos, palavras e atos positivos, mas também com o que consideramos pensamentos, palavras e atos errados ou até pecaminosos. A pessoa pode aprender a respeito da importância da consideração, do amor e da compreensão não só praticando atos de caridade, mas também fazendo justamente o oposto: atacando ou ferindo outras pessoas, por exemplo, num momento de desequilíbrio emocional. De modo parecido, a pessoa pode aprender a ter mais consideração, misericórdia e generosidade até por meio de sentimentos como o ódio ou o egoísmo. Todos os acontecimentos da Terra são significativos do ponto de vista da experiência humana. Por isso, as conquistas ou realizações das quais as pessoas costumam se vangloriar, em geral não são muito significativas. O aprendizado resulta de realizações e sucessos na vida; porém, as maiores lições são aprendidas por meio do fracasso.

Até o momento, a Terra aceitou tudo. No entanto, isso não significa necessariamente que todos os acontecimentos e feitos ocorridos na Terra sejam desejáveis da perspectiva do universo. Por exemplo, atormentar, maltratar ou odiar a família ou os semelhantes nunca são atitudes aconselháveis. Na Terra, um lugar de experiências, essas atitudes são permitidas porque podem levar a pessoa a aprender sobre a importância da consideração e do entendimento. Esse tipo de comportamento também é permitido porque ajuda a pessoa a perceber os efeitos que ele acarreta e a aprender a se responsabilizar pelas suas ações.

Outra característica específica da Terra é a sua ligação com a Origem do universo. Tudo no universo é esquematizado pela consciência da Origem do universo, por isso todos os seres tendem a se parecer e a se aproximar cada vez mais dessa Origem. Contudo, para seres que têm vários papéis e experiências de vida, essa ligação não é tão fácil de perceber no dia-a-dia. A energia da Terra, no entanto, faz com que todos os seres anseiem por seguir na direção da Origem.

Como foi explicado no capítulo Cinco, acima do sétimo chakra existe outro por meio do qual as pessoas podem se ligar à energia da Terra. Se a consciência se expandir o suficiente, a pessoa pode se conectar com essa energia. Na meditação profunda, algumas pessoas atingem um estado de espírito em que sentem que são o próprio universo. Essa experiência de "unidade" é possível quando a pessoa se conecta com a energia da Terra por meio de um salto temporário de consciência. Quando ela está ligada a essa energia, as suas capacidades mentais se expandem e ela passa a aceitar tudo o que existe no mundo. Por meio dessa conexão com a energia da Terra é possível entender que todas as coisas do universo vêm da mesma fonte e nunca perdem a sua ligação com a Origem.

Essa energia especial da Terra aceita tudo e leva todos os seres a se aproximarem cada vez mais da Origem, que é exatamente a razão por que este planeta tem sido o local perfeito para o aprendizado, desde os tempos da Lemúria até a atualidade.

Seres Responsáveis pelo Próprio Destino

Muitas pessoas têm a tendência de buscar e encontrar as causas das suas dores e sofrimentos nas outras pessoas e não dentro de si mesmas. As pessoas acham que a vida delas é do jeito que é porque tiveram os pais errados ou que não têm sucesso na profissão porque os seus chefes ou subordinados fazem mau juízo delas. Podem achar que a vida delas foi arruinada por um amigo ou achar que estão confusas porque não foram bem orientadas por um professor. Algumas pessoas extremamente deprimidas ou pessimistas expressam verbalmente a sua amargura ou as suas dúvidas, culpam Deus ou Buda, ou até realizam cerimônias nas quais queimam seu deus numa estaca e alardeiam que ele está morto.

Por outro lado, as pessoas que estudam a espiritualidade não parecem culpar tanto os outros pelas suas desventuras, embora muitas vezes se sintam oprimidas por não terem um conhecimento claro da vida. Se existe alguém que mereça ser culpado pelas condições da sua vida, esse alguém é você mesmo e mais ninguém.

Como já foi mencionado, os seres humanos reagem às situações com base nas suas lembranças acumuladas do passado. Tudo sobre o ser – como a sua disposição de espírito, as suas tendências e o seu nível de consciência – é resultado das experiências pelas quais ele passou. No entanto, as lembranças registradas na sua aura, que definem quem ele é, não se acumularam ao acaso ou acidentalmente. As experiências de certa vida, e da vida que se segue a essa, são fruto dos próprios planos da pessoa. Nesse sentido, o ser humano é um ser criado com base no seu próprio livre-arbítrio.

Espera-se que todos os seres da Terra sejam responsáveis por si mesmos. Ninguém está aqui contra a vontade. Todos vieram à Terra por escolha própria e permaneceram aqui desde então. O próprio livre-arbítrio dessas pessoas se reflete no processo de aprendizado e não existe razão para culpar quem quer que seja. No planejamento de uma vida, toda pessoa recebe sugestões de um conselheiro no plano espiritual, mas é ela própria quem basicamente planeja a sua vida.

Na verdade, até depois do nascimento, todo ser tem a opção de não viver de acordo com o planejado ou não expandir a sua consciência como tinha em mente, uma vez que as suas atitudes são definidas pelo livre-arbítrio. Os seres que chegaram à conclusão de que não gostam do mundo material podem optar por permanecer no mundo espiritual, sem encarnar.

Por esse motivo, não há quem possa ser culpado ou responsabilizado pela vida de ninguém. O único responsável é a própria pessoa.

CAPÍTULO SETE

O Significado da Existência

Neste capítulo, baseado na visão de mundo e no conhecimento que os seres humanos adquiriram até agora, eu gostaria de analisar a natureza dos "seres". Do ponto de vista teórico, seria melhor examinar todos os seres do universo antes de tecer considerações sobre os seres humanos, mas para os leitores que não têm uma compreensão profunda da natureza humana, seria muito difícil seguir a ordem pela qual as informações seriam apresentadas. Por essa razão, neste livro eu optei por inverter essa ordem e examinar os seres humanos primeiro, nos capítulos Quatro, Cinco e Seis, e agora, neste capítulo, discorrer sobre os seres em geral, com base nas explicações dadas nos capítulos anteriores.

Até aqui, examinamos vários aspectos dos seres humanos, da vida humana e o seu significado, mas não debatemos sobre a natureza humana. Todos os que buscam a verdade devem se sentir curiosos sobre a sua própria existência e a sua entidade humana. A maioria das pessoas define a si própria com base na natureza física e compreende o ser humano em termos de corpo físico. Em contrapartida, a maioria das pessoas devotadas à espiritualidade aceita que a entidade humana não se extingue do dia para a noite, pois é um ser não-material que nunca tem fim. Em coreano, isso é chamado *yeonghon*, que significa "espírito" e "alma". Essas duas palavras podem ser definidas de modo diferente, mas neste livro elas são usadas com o mesmo sentido.

Mesmo que se aceite que a entidade humana é um espírito ou alma, ainda podem restar algumas dúvidas acerca do que isso realmente significa e de como principiou. Dentre as várias opiniões, existe uma segundo a qual numerosas almas foram trazidas à existência quando o universo foi formado, numa enorme explosão – uma idéia paralela à teoria do Big Bang propagada pela física.

Existe quem divida a entidade humana em uma parte substancial (o "Verdadeiro Eu") e uma não-substancial (o "Falso Eu"). As propriedades instintivas e negativas do ser humano foram chamadas de Falso Eu, enquanto as nobres e elevadas foram designadas de Verdadeiro Eu. No entanto, a classificação dos pensamentos e atitudes humanas em duas categorias é um processo extremamente subjetivo. A distinção entre o Falso Eu e o Verdadeiro Eu resultou do desejo humano generalizado de não querer assumir a responsabilidade pelos próprios pensamentos e atos indesejáveis ou da tendência humana de jogar a responsabilidade nos ombros dos outros. Essa divisão em dois Eus também depende muito da religião, da cultura e dos valores sociais. Portanto, a demarcação entre os dois Eus é só uma questão de conveniência.

O jeito mais fácil de entender a natureza humana de todos os seres é vê-los do ponto de vista cognitivo. Todos os seres do universo, inclusive os seres humanos, são cognitivos. A forma mais básica de cognição é a identificação de si próprio como um ser separado dos outros. Essa cognição aos poucos evolui até uma cognição mais complexa. Seres que possuem tais faculdades cognitivas podem ser chamados de corpos conscientes ou de consciência.

Neste capítulo, eu explico o nascimento e a evolução da consciência. Também examino o relacionamento entre seres humanos, animais e plantas e o relacionamento entre o Eu Superior e o Eu Subordinado. Por fim, analiso as formas-pensamento que mais influenciaram o mundo humano.

O Nascimento e a Evolução da Consciência

A maioria dos estudiosos da espiritualidade concorda que a mente é o sujeito da vida. Uma grande porção da vida humana é dedicada ao ato de pensar e tomar decisões. No entanto, como já foi mencionado, a mente pode ser dividida basicamente em dois aspectos. Um aspecto inclui características passivas como as disposições de humor, as emoções, os instintos ou os sentimentos, que não podem ser controlados pelo Eu. Essas características resultam de se ter um corpo físico, das lembranças do passado ou da ligação com energias externas.

O outro aspecto inclui as características ativas, que demonstram ou incorporam a vontade independente e inerente do indivíduo, e são geralmente designadas como consciência. A consciência pode ser definida como a faculdade que um ser tem de perceber o mundo e criar algo fora dessa percepção. Desse ponto de vista, a natureza do ser, inclusive a do ser humano, pode ser descrita como consciência.

O surgimento da consciência e o seu processo de proliferação reproduzem exatamente o modo como o universo se formou e se desenvolveu, o que pode ser explicado pelos conceitos de *mu-geuk* e *tae-geuk* (ambos termos coreanos), apresentados por Taeho Bokhi (Fu His), há cerca de cinco mil e seiscentos anos. Antes do próprio início do universo, havia um estado de absoluta quietude. Esse estado, conhecido como *mu-geuk*, existia sem nenhuma consciência, mas com o potencial para todas as idéias. Em certo instante, teve início um movimento muito sutil, rompendo o longo silêncio. E a energia iminente dentro do *mu-geuk* foi aos poucos se concentrando, formando um círculo que começou a girar. Com isso, apareceu o primeiro *tae-geuk*, ou o primeiro poder sistemático.

Quando o *tae-geuk* se formou e começou a girar, o poder iminente começou a se concentrar em volta do *tae-geuk*, numa massa. A rotação se acelerou e o círculo foi ficando cada vez maior. À medida que o giro continuava, o primeiro *tae-geuk* se tornou um imenso círculo girando a uma velocidade incrível. Com o seu enorme poder de rotação, partes desse círculo foram se fragmentando até formar outros *tae-geuks*, que também começaram a girar. Assim como aconteceu aos *tae-geuks* originais (*bon-tae-geuk* em coreano), o poder e a velocidade de rotação dos novos *tae-geuks* aos poucos foram aumentando e, a certa altura, eles começaram a criar outros círculos como eles. Por meio desse processo, um grande número de *tae-geuks* grandes e pequenos foi criado e começou a girar pelo universo.

Aqui, *bon-tae-geuk* representa o poder da Origem do universo e cada *tae-geuk* representa uma consciência individual ou o poder criador da consciência. Depois de pôr em movimento os cinco primeiros *tae-geuks* rotatórios, o *bon-tae-geuk* parou de girar. Os cinco *tae-geuks* que se formaram diretamente do *bon-tae-geuk* foram as primeiras consciências do universo. Ou seja, eles são a consciência da Origem na décima dimensão. Todos os outros *tae-geuks* de todo o universo foram gerados por uma ou mais dessas primeiras consciências. Como o universo está em contínua expansão, o número de consciências continua aumentando. Esse é um breve resumo de como a consciência do universo surgiu e como depois ele se dividiu em tantas consciências.

O processo de criação propriamente dito de cada consciência, realizado pela primeira consciência, não é uniforme. Dependendo do seu propósito, da sua dimensão e das características que definirão essa consciência, existem diferenças em muitos aspectos – como quais os seres que estarão envolvidos, a importância do papel que cada um deles desempenhará e o tipo de processo que será levado a cabo.

Na criação do primeiro ser da nona dimensão, todos os cinco seres da Origem participaram do processo. O mesmo aconteceu na criação do ser sagrado para o Projeto Gaia, embora o terceiro ser da Origem tenha liderado todo o processo. Em contrapartida, a maioria das consciências é criada por um único ser da Origem.

Na recente criação de um ser especial da sétima dimensão, o terceiro ser da origem assumiu uma posição central, mas outros seres – incluindo muitos especialistas em energia da nona dimensão – também participaram da grande cerimônia e contribuíram com energia para o processo de nascimento. Em comparação, seres da quarta dimensão e de dimensões inferiores a essa são criados em grupo, dependendo da necessidade do universo. Em uma ocasião, seres da quarta dimensão nasceram simultaneamente num círculo, alguns maiores do que outros. Porém, quando seres da terceira dimensão são criados, eles geralmente nascem com mais ou menos o mesmo tamanho.

Por meio desse processo, consciências de muitas freqüências variadas foram geradas. E na mesma dimensão aqueles que foram criados primeiro tendiam a apresentar freqüências vibratórias mais elevadas. Embora cada consciência se expanda num ritmo diferente, que depende das preferências pessoais por novas experiências, aqueles que foram criados primeiro passaram por mais experiências e por isso se expandiram mais e tiveram mais chance de elevar a própria freqüência. Todos os seres do universo expandem constantemente a sua consciência por meio de contínuas experiências. Como a consciência da Origem inclui todas as consciências, a expansão constante de cada consciência individual propicia a expansão da consciência da Origem e de todo o universo.

Alguns leitores podem estar curiosos para saber o que existia antes de *mu-geuk* ou o modo como surgiu o primeiro movimento, mas essa não é uma questão importante. A primeiríssima consciência do universo se formou quando *bon-tae-geuk* iniciou o seu movimento rotatório. Por essa razão, nenhuma discussão significativa sobre o que existia antes da formação da primeira consciência é possível.

Muitas pessoas consideram a comparação entre os seres humanos e os animais e plantas como um insulto à raça ou à dignidade humanas. Essa reação é fruto da crença de que a natureza dos seres humanos é completamente diferente da natureza dos animais e das plantas. Até mesmo os estudiosos da espiritualidade consideram os seres humanos muito superiores aos animais e às plantas, em vários aspectos espirituais significativos. No entanto, essa crença se origina de um grave mal-entendido com relação à vida e está longe de ser verdadeira.

Pouco tempo atrás, foi cientificamente provado que não só animais como a baleia, mas também as plantas têm faculdades cognitivas semelhantes às humanas. As pesquisas sobre esse assunto ainda estão em seus primórdios, mas já existem provas convincentes de que as plantas, incluindo as árvores, se comunicam entre si por meio de ondas ou outros métodos.

Algumas plantas produzem substâncias venenosas para se defender quando estão diante do perigo e enviam sinais de alerta a outras plantas, espalhando no ambiente substâncias químicas. As plantas também apresentam uma interação constante com as pessoas. A maioria das pessoas que lidam com plantas sabe que quanto mais carinho elas recebem mais robustas e verdes elas ficam e mais rápido crescem. Algumas flores silvestres, arbustos e árvores não só ajudam a elevar a consciência humana por meio da energia de alta freqüência como também servem de canal para a recepção de mensagens do universo.

Levando isso em consideração, a classificação dos seres da Terra com base na aparência física é muito diferente da classificação com base na essência espiritual dos seres. Um sistema classificatório mais apurado tomaria por base a freqüência vibratória dos seres. Seres com freqüências da primeira ou da segunda dimensão têm uma capacidade menor de armazenar informações. Eles são relativamente simples em termos de faculdades cognitivas e processos de raciocínio, por isso a sua cognição do mundo é limitada. Dessa perspectiva, é natural que seres de freqüências mais elevadas tendam a nascer como seres humanos para ter experiências mais complexas. Por outro lado, seres de freqüências inferiores podem encarnar primeiro como pequenos animais ou plantas, para ter experiências mais simples, e posteriormente nascer como seres humanos, depois de passarem por experiências suficientes. Os seres da primeira dimensão não têm a possibilidade de nascer como seres humanos.

Como a Terra tem sido o lugar perfeito para se passar por experiências, ela até agora tem aceito qualquer ser do universo, e o livre-arbítrio de cada indivíduo tem sido absolutamente respeitado. Quando a Terra foi materializada pela primeira vez, deu-se a todos os seres a chance de optar por nascer como ser humano, animal ou planta, dependendo dos pré-requisitos mínimos relacionados ao nível de freqüência. Essa chance foi oferecida de modo que cada ser tivesse experiências únicas, vivendo a forma de vida escolhida no mundo material, e pudesse assumir, se desejasse, uma forma diferente de vida na encarnação seguinte.

No entanto, à medida que o tempo passava, as regras da reencarnação para seres humanos, animais e plantas mudaram. Como todos os seres da Terra materializada sofriam um lapso de memória, a aparência e as capacidades de cada um deles passaram a ser muito importantes. Os animais eram muitas vezes maltratados ou massacrados, enquanto as plantas eram consideradas seres insignificantes e ignoradas. Embora o sistema cármico exigisse um comportamento responsável de todos os seres desde o início da materialização, os seres humanos passaram a tratar os animais e as plantas de maneira cada vez mais desdenhosa. Por essa razão, muitos seres que vieram à Terra queriam reencarnar como seres humanos; em particular, seres violentos com tendências para a dominação.

À medida que as preferências dos seres foram mudando, o sistema de reencarnações também foi passando por alguns ajustes. No início da materialização, todo ser podia escolher encarnar como ser humano, animal ou planta, de acordo com a sua freqüência vibratória. Posteriormente, no entanto, a forma de vida que o ser assumiria na sua encarnação seguinte também passou a ser determinada pelos atos praticados previamente. Em outras palavras, além da freqüência vibratória, o carma passou a ser um fator determinante nas complexas regras reencarnatórias, com relação à escolha da forma de vida.

Existem seres encarnados como animais ou plantas que têm uma freqüência vibratória mais elevada do que a maioria dos seres humanos, e muitos seres encarnados como seres humanos agora têm uma freqüência inferior à de certos animais e plantas. As regressões a vidas passadas que eu tenho realizado mostram que seres de freqüências dimensionais muito elevadas, e que estão hoje encarnados como seres humanos, já viveram de fato no corpo de animais ou plantas em vidas passadas.

Se tomarmos por base não a superfície ou o nível material, mas um nível mais essencial, a diferença básica entre as formas de vida é a sua capacidade de aprender. Quando nasce como ser humano, mesmo que tenha uma freqüência vibratória baixa, a pessoa tem mobilidade e a capacidade de passar por experiências no vasto mundo humano. Os animais e as plantas, no entanto, têm de se limitar a uma área restrita e as suas experiências se passam em circunstâncias que não podem controlar, pois a sua vontade ou intenções são irrelevantes. As plantas, em particular, que não têm nenhuma mobilidade, aprendem principalmente com a interação com a natureza e, por meio de uma espera aparentemente interminável, aprendem a ter paciência e tolerância.

É, portanto, necessário que o ser encarne como ser humano caso queira expandir a sua consciência. Embora a maioria dos animais, incluindo os primatas, sejam seres individuais, os insetos e as plantas têm uma espécie de consciência coletiva. Isso significa que, ao contrário dos insetos e das plantas, o ser nascido no corpo de um animal vive uma existência individual.

No caso dos seres humanos, as pessoas com freqüências da terceira dimensão ou de dimensões inferiores, na maioria das vezes, percebem o mundo material de uma perspectiva estreita, pois são incapazes de perceber o mundo não-material e o que existe além. Um número relativamente pequeno de pessoas com freqüências superiores percebe os dois mundos e, por isso, sente-se insatisfeita com a realidade material. Essas pessoas muitas vezes encontram grandes dificuldades na vida e só a duras penas conseguem se adaptar ao ambiente em que vivem.

Seres com freqüências superiores são mais fáceis de encontrar entre certos animais e plantas, como árvores muito antigas, baleias ou tartarugas. As pessoas começarão a ver o mundo de um ponto de vista completamente diferente quando perceberem que todos os seres vivos da Terra são consciências, e que os seres humanos, em essência, não são necessariamente superiores a outras formas de vida.

O Eu Superior e o Eu Subordinado

Ao contrário do que aconteceu na criação da primeira consciência do universo, há casos em que a consciência individual produz uma duplicata dela mesma, dando origem a um novo eu. Para ser preciso, os seres originais das dimensões superiores às vezes criam duplicatas de si mesmos com a intenção de enviá-las para mundos de dimensões inferiores por determinadas razões. Nesses casos, o ser original é chamado de Eu Superior e a duplicata, enviada à Terra ou a outro lugar de dimensão inferior, é chamada de Eu Subordinado ou Eu Inferior.

Por exemplo, entre os seres que vieram à Terra como guias do Projeto Gaia, existem muitos casos em que o Eu Superior habita estrelas da quinta dimensão ou de dimensões mais elevadas. As consciências de dimensões superiores podem criar de três a seis duplicatas para realizar diversas atividades em diferentes lugares ao mesmo tempo. Existem até casos em que dois ou mais Eus Subordinados foram enviados à Terra para viver vidas diferentes.

O Eu Superior e o Eu Subordinado são basicamente uma entidade só, e compartilham as mesmas lembranças. Embora o Eu Subordinado não tenha todas as lembranças do Eu Superior, ele tem o registro de todas as lembranças básicas em comum. Depois do processo de duplicação, o Eu Subordinado começa a acumular experiências que o Eu Superior não tem. Portanto, para manter a coesão da entidade, as novas informações acumuladas pelo Eu Subordinado são copiadas com regularidade e transferidas para o Eu Superior.

Para os Eus Subordinados que estão encarnados na Terra material, o relacionamento é um pouco diferente. Por causa do ambiente da Terra materializada, o ser localizado na crosta terrestre pode demonstrar uma maneira de pensar e de se comportar muito diferente da do Eu Superior. Essa diferença ocorre por muitas razões, entre elas a falta de conexão ou comunicação direta entre os dois, o lapso de memória das existências passadas, os desejos físicos do corpo material, etc. Por essas razões, a maioria dos Eus Subordinados na Terra vive sem nenhum conhecimento da existência do Eu Superior em algum lugar do universo.

Todas as informações básicas da entidade passam por um intercâmbio entre o Eu Superior e o Eu Subordinado e entre este e outro Subordinado. Portanto, embora tenham aparências diferentes e vivam em ambientes diferentes, podem existir semelhanças surpreendentes entre eles em termos de gostos, trejeitos e maneiras de pensar. Eles podem até demonstrar certa semelhança na aparência. Houve um caso, numa sessão de regressão, em que as características físicas da pessoa na Terra eram muito semelhantes às de seu Eu Superior em Sirius. E também encontrei o caso de uma grande semelhança entre duas pessoas na Terra que compartilhavam o mesmo Eu Superior. Uma nasceu e mora na Coréia enquanto a outra mora na Nova Zelândia, mas apresentam semelhanças espantosas na cor da pele, na aparência, nos gostos e nos trejeitos.

O Eu Superior que enviou outro eu para a Terra com o propósito de cumprir a sua missão relacionada ao Projeto Gaia, ou para ganhar experiência, geralmente não se envolve na vida do Eu Subordinado. Ele apenas a observa. No entanto, existem casos em que o Eu Superior se envolve diretamente na vida do Eu Subordinado para conscientizá-lo do seu eu original e prepará-lo para cumprir a missão. Os Eus Superiores enviam mensagens para os Eus Subordinados em geral por meio de sonhos ou momentos de inconsciência durante a meditação. Eles às vezes também criam experiências espirituais inusitadas ou se tornam visíveis de alguma maneira.

Formas-pensamento Criadas pelos Seres Humanos

Além das consciências criadas diretamente pela consciência da origem, existem outros seres cientes de si mesmos e do mundo. Esses seres são "formas-pensamento" criadas pela mente humana. A compreensão do que significam formas-pensamento e do modo como elas são criadas ou desaparecem aumentará a compreensão do processo de purificação durante a Grande Mudança da Terra (capítulo Dois) e também da história dos seres humanos terrenos (capítulo Quatro).

Como foi discutido no capítulo Cinco, os seres humanos têm a capacidade de controlar o *gi* (ou energia do universo) com a força da mente. Visualizações mentais resultam em criações imediatas no mundo energético da quarta dimensão. Criações da imaginação ou preces realizadas com concentração profunda e contínua criam um corpo energético cheio de vida. As formas-pensamento são criadas por meio desse processo. Especialmente quando um grande grupo de pessoas faz uma prece com a mesma intenção, a forma-pensamento criada atua como um poderoso corpo energético e influencia profundamente as pessoas que têm pensamentos semelhantes àqueles que criaram a forma-pensamento.

As formas-pensamento podem influenciar ou até mesmo dominar os pensamentos das pessoas, provocando pensamentos e comportamentos absolutamente inesperados nos seres humanos. As pessoas estão cientes das suas fraquezas há muito tempo, e contam com a existência de um poder superior quando anseiam por abundância na vida. Esses desejos e comportamentos criaram vários corpos energéticos sem que essas pessoas se dessem conta disso. Os grupos religiosos ou espiritualistas, particularmente, cujos membros acreditam no mesmo ser absoluto, criaram formas-pensamento poderosas com as suas preces e os seus cânticos coletivos.

As formas-pensamento criadas dessa maneira muitas vezes afetam as pessoas com certos sistemas de crenças e os participantes de certas reuniões e rituais. Bloqueando a capacidade de julgamento individual, as formas-pensamento fazem com que os pensamentos das pessoas sigam numa determinada direção. Em alguns casos, elas até induzem uma espécie de estado hipnótico. Existem muitos casos em que as formas-pensamento controlaram com astúcia a consciência das pessoas, engendrando experiências espirituais ou a aparição de seres especiais em sonhos. Quando alguém afirma ter visto Jesus Cristo, Buda, a Deusa da Misericórdia e a Virgem Maria em sonhos ou durante a meditação, existe uma forte possibilidade de que as formas-pensamento estejam lhe pregando uma peça.

As formas-pensamento criadas por certos grupos podem ajudá-los a atingir os seus objetivos ou favorecer a sua causa, dominando e controlando as mentes de seus seguidores. Se o membro do grupo é dedicado a ele, as formas-pensamento podem auxiliá-lo tanto material quanto moralmente ou ajudá-lo a desenvolver uma capacidade especial, como o poder de ler a mente de outras pessoas.

Por outro lado, se a pessoa duvida do grupo ou decide deixá-lo, as formas-pensamento podem perturbar a pessoa, causando-lhe vários tipos de padecimento mental e físico, que a levam a recorrer novamente ao grupo. Como o combustível das formas-pensamento é a energia mental, elas acabam ficando mais fracas ou chegam até mesmo a se extinguir, caso poucas pessoas simpatizem com elas. Depois que as formas-pensamento são criadas, elas continuam a interferir na consciência humana, provocando medo e desconforto, para impedir que o crescimento da consciência das pessoas diminua a dependência delas e enfraqueça, conseqüentemente, o domínio que elas têm sobre o mundo humano.

Embora haja algumas formas-pensamento muito poderosas, por representarem o desejo de muitas pessoas, elas são muito diferentes dos seres humanos, animais e plantas em termos de propósito de formação e processo de crescimento. Em geral, a consciência é um ser criado por um dos seres originais do universo e capaz de se desenvolver com suas experiências únicas depois da criação; a existência do ser nunca depende do mundo exterior. As formas-pensamento, por outro lado, são corpos energéticos criados pelas mentes humanas e ativados com propósitos específicos. Portanto, elas nunca passam pelo processo de desenvolvimento da consciência ou por nada parecido, e desaparecerão quando deixarem de ser alimentadas pela mente humana. Contudo, a força dessas formas-pensamento pode aumentar muito quando o desejo das pessoas fica mais forte ou quando mais pessoas participam das atividades responsáveis por criá-las e nutri-las.

CAPÍTULO OITO

O Desenvolvimento da Consciência

Quase todos os sistemas da sociedade moderna são baseados no egocentrismo e na competitividade, e por isso estimulam constantemente a competição entre os seus membros. O comunismo e o socialismo, que pretendiam criar uma sociedade ideal para os seres humanos, foram colocados em prática na Terra por um tempo, mas acabaram se deteriorando. Com o estabelecimento do Capitalismo, baseado na mente humana egoísta, o mundo se transformou numa sociedade extremamente competitiva, que busca avidamente o sucesso material num ritmo alucinante. O objetivo da vida da maioria absoluta das pessoas é possuir e usufruir a maior quantidade possível de bens materiais. Esses pensamentos e atitudes combinam muito bem com a economia de mercado, que resulta em grandes conquistas materiais e num nível de competitividade estonteante nas sociedades humanas.

Parece que muitas pessoas devotadas à espiritualidade aceitam o princípio da competitividade até mesmo no âmbito do desenvolvimento espiritual. Elas acham que a sociedade humana é competitiva por natureza e que o desenvolvimento espiritual pode ser acelerado por meio da competição. Com base na compreensão que têm da espiritualidade e na descoberta do valor intrínseco da busca da verdade, essas pessoas se empenham para atingir um nível mais elevado ou uma iluminação maior, procedendo com mais afinco que as outras. Em contrapartida, existem outras, especialmente os discípulos da Nova Era, que viram as costas à competição constante da sociedade humana para mostrar a sua superioridade e negam qualquer autoridade. Em vez disso, elas enfatizam que todo ser humano é uma parte de Deus e que somos todos um.

A história humana até agora mostrou que as massas sempre foram menosprezadas e manipuladas por aqueles que têm autoridade ou o poder nas mãos. É, portanto, natural que alguns espiritualistas tendam a negar todos os tipos de autoridade. No entanto, se o apoio à autoridade material e secular está num extremo, o desrespeito a toda e qualquer autoridade pode estar no outro. Em todos os tipos de sociedade na Terra, inclusive na sociedade humana, existe certa fonte de poder para garantir a ordem pública. Até agora, as autoridades políticas, econômicas e religiosas serviram a esse propósito. No entanto, com exceção da Terra, o universo tem sido administrado de modo harmonioso por meio de um método fundamentalmente diferente: a conexão com a Origem.

Como foi discutido nos capítulos Um e Sete, todos os seres do universo foram criados com um propósito específico por pelo menos um dos seres da Origem. Cada ser podia diferenciar-se dos outros seres elevando a sua freqüência vibratória e acumulando experiências. Parece que a freqüência ou dimensão original que determina a capacidade de percepção de um ser é a característica mais importante desse ser. No entanto, todas as propriedades originais dos seres, incluindo a freqüência vibratória, foram concedidas pela Origem para que eles cumpram determinado propósito e possam desempenhar um certo papel. É, portanto, impossível dizer qual papel é mais importante ou qual ser é mais valioso.

É verdade que a freqüência original gera muitas diferenças na aparência, incluindo o papel de cada ser, e que parece haver uma hierarquia ou uma ordem espiritual com base nas freqüências. No entanto, no universo fora da Terra, onde todos os seres vêem-se uns aos outros não pela aparência, mas pelo conteúdo, não existe, naturalmente, nenhum preconceito entre os seres, como o que existe na Terra. Todos os seres vêm da mesma fonte, ou seja, têm a mesma origem. Portanto, são todos irmãos. Em vez da discriminação existente entre as pessoas da Terra, existe no universo fraternidade e irmandade, amor e harmonia.

Nesse sentido, o conceito de evolução espiritual e expansão da consciência em que muitos espiritualistas acreditaram até agora precisa ser modificado. A evolução espiritual ou expansão da consciência implica que existe uma necessidade de continuarmos a aprender para aumentarmos o nosso conhecimento verdadeiro do universo infinito. Isso não é algo que se possa atingir num ambiente competitivo, mas algo que pode ser naturalmente conquistado ao longo da trajetória da vida. Como discutido anteriormente, uma vez que todo ser foi criado para desempenhar um papel específico, é muito raro no universo que uma expansão contínua da consciência leve o ser a uma dimensão superior. A Grande Mudança da Terra, que oferecerá a alguns seres a oportunidade de serem guindados a uma dimensão superior, é um fenômeno excepcional no universo.

Nestes últimos tempos, tem crescido muito o interesse, entre os espiritualistas, pelo nível da consciência humana e a expansão da consciência. Neste capítulo, eu vou discutir a expansão da consciência e examinar o conceito de níveis da consciência apresentado por David Hawkins, o autor de *Power vs. Force*.

As Diferenças no Nível de Consciência

Desde a formação do universo, todos os seres seguem o seu caminho, acumulando lembranças únicas. Durante o intervalo da vida de um ser humano físico, algumas lembranças guardadas na aura podem ser transmitidas na forma de sentimentos, que influenciam constantemente as decisões tomadas. Por essa razão, dois amigos de infância ou dois irmãos podem ter perspectivas muito diferentes da vida e do universo. As visões de mundo são construídas com base em todas as experiências passadas e nas informações acumuladas até o presente. Por isso até duas pessoas que vivam juntas durante o mesmo período da história, e que adquiriram os mesmos conhecimentos, podem ver o mundo de modo muito diferente. Em poucas palavras, cada indivíduo tem um jeito único de ver o mundo.

Se uma pessoa acumulou muitas experiências na Terra assim como em outras estrelas do universo, isso significa que ela se aproximou da Origem do universo. Portanto, é natural que essa pessoa dê mais importância à harmonia e à solidariedade do que outras com níveis de consciência mais baixos. Embora vivam na Terra materializada, seres com níveis superiores de consciência apresentam uma forte tendência a valorizar a importância da harmonia, da paz e do respeito pelos semelhantes.

David Hawkins tentou padronizar esses diferentes modos de ver o mundo usando o conceito de níveis de consciência. De acordo com ele, quando o nível de consciência se eleva, as pessoas deixam de sentir tanto medo ou desamparo e começam a aceitar as outras com mais coragem. Quando o nível aumenta um pouco mais, elas vivenciam o amor e a alegria, e às vezes sentem paz absoluta.

No entanto, isso não significa que pessoas com o mesmo nível de consciência tenham caráter semelhante ou que as nossas palavras ou comportamentos estejam sempre de acordo com o nosso nível de consciência. É verdade, porém, que o caráter, as palavras e o comportamento humanos geralmente têm uma relação estreita com o nível de consciência, embora essa não seja uma relação direta de causa e efeito.

Mesmo que o ser tenha um nível de consciência relativamente elevado devido a muitas experiências acumuladas, as suas palavras e comportamento podem apresentar tendências negativas, caso essas experiências sejam negativas ou violentas. Por outro lado, mesmo que o ser tenha um nível de consciência relativamente baixo, devido ao baixo número de experiências acumuladas, se estas forem positivas e benéficas, o comportamento desse ser provavelmente será muito positivo. Por essa razão, julgar os níveis de consciência com base no caráter pode ser um grande erro. A consciência é algo que pode se expandir em resultado seja das experiências positivas, seja das negativas.

As pessoas muitas vezes acham que o caráter de uma pessoa é, sobretudo, resultado da sua criação ou do seu ambiente doméstico, mas não é isso o que acontece. O caráter básico de uma pessoa é influenciado, principalmente, pelas experiências vividas em vidas passadas, particularmente na estrela onde ela viveu mais tempo. Por exemplo, seres que estiveram nas Plêiades antes de vir para a Terra geralmente têm um jeito feminino e sensível, enquanto os seres vindos de Sirius tendem a ser mais sistemáticos, organizados e racionais. Isso acontece porque as Plêiades são um aglomerado de estrelas de energia cálida e feminina, que enfatiza o cuidado e a consideração especial por todos os seres, enquanto Sirius é a estrela onde fica o centro administrativo da galáxia. Além disso, pessoas que apresentam tendências extremamente violentas provavelmente se originam de estrelas que passaram por guerras cruéis e prolongadas.

A maioria das pessoas acha difícil determinar o nível de consciência de alguém, pois esse nível não pode ser revelado nem julgado com base em palavras ou no comportamento. Se houver uma grande discrepância entre os níveis de consciência de um grupo, algumas diferenças gritantes poderão ficar mais evidentes, entre elas a maneira de pensar sobre o mundo material e o não-material, o egocentrismo, o ciúme, a inveja, o amor e o zelo pelos semelhantes. No entanto, uma diferença relativamente pequena no nível de consciência não se manifestará nas características externas, mas pode resultar em diferenças consideráveis nas atitudes relacionadas ao desconhecido – ou seja, quando a pessoa reconhece a possibilidade de estar diante de algo novo.

Um ser que acumulou muitas experiências tanto na Terra quanto no espaço sideral não julga impulsivamente; ele é aberto a várias possibilidades mesmo quando analisa um caso aparentemente óbvio. Isso acontece porque o ser aprendeu, com a sua larga experiência, que o mundo é cheio de surpresas. Por outro lado, o ser que acumulou relativamente poucas lembranças de vidas passadas faz julgamentos rápido demais e toma decisões precipitadas. Esse comportamento pode revelar uma necessidade inconsciente de se proteger. Quando as pessoas recebem uma quantidade maior de informações do que podem digerir, e se esforçam ao máximo para absorvê-las, elas podem apresentar um estado extremo de confusão, que pode resultar num distúrbio psíquico. Por essa razão, as pessoas fecham os portais da mente para a informação que está além do seu nível de consciência. Isso também explica por que a pessoa com um nível baixo de consciência geralmente é mais parcial e decidida.

Como acontece com relação às dimensões, uma freqüência ou nível de consciência elevado significa uma capacidade maior para armazenar informações. No entanto, a freqüência ou nível de consciência não podem servir de critério para avaliar o valor de uma pessoa. Inúmeros seres desempenham os seus papéis no universo, e graças a isso ele avança em harmonia. Embora seja verdade que os seres de baixa freqüência geralmente desempenham papéis mais simples, isso não significa que tenham menos valor por isso.

A Expansão da Consciência

A evolução da consciência e a busca pela iluminação são dois dos tópicos mais importantes entre os estudiosos da espiritualidade. Muitas pessoas acham que essas duas metas são conquistadas só por meio de atividades especiais relacionadas à prática espiritual. Ou seja, elas pensam que a evolução espiritual ou a iluminação suprema podem ser atingidas apenas depois de horas infindáveis de prática, entre elas a meditação budista zen ou outros tipos de meditação, de ascetismo ou de obras de caridade. Essas pessoas não julgam que seja possível elevar a consciência por meio das experiências mundanas do dia-a-dia ou das várias emoções como a alegria, a tristeza e o prazer. Elas chegam até mesmo a se preocupar com a possibilidade de que as experiências capazes de despertar essas emoções possam baixar o seu nível de consciência.

Contudo, a expansão da consciência significa que o volume de informações acumuladas por meio do aprendizado aumentou e a freqüência correspondente a esse volume de informações também alcançou um nível mais elevado. Portanto, a expansão da consciência não depende apenas de práticas espirituais, mas é resultado de todos os tipos de experiência. Em outras palavras, a própria vida é uma prática espiritual e tudo o que é relembrado por meio de experiências ajuda na expansão da consciência.

O que mais se deve considerar com relação à expansão da consciência não é o tipo de vida que levamos, mas a maneira como aproveitamos cada momento da vida. Quanto maior o foco no momento, mais forte será a experiência, mais marcantes serão as lembranças resultantes e mais rápida será a expansão da consciência. Por exemplo, quando sentir uma grande tristeza ou uma grande dor, se optar por aceitar essa emoção corajosamente em vez de tentar evitá-la, o seu nível de consciência crescerá muito mais.

Por outro lado, se você tiver obsessão pelo passado ou se preocupar demais com o futuro, em vez de se concentrar no presente, não adiantará nem mesmo uma longa experiência na Terra, pois a expansão da sua consciência será menor.

Muitos métodos de prática ascética ou espiritual desenvolvidos até hoje precisam passar por uma reavaliação. A impressão que se tem é que muitos desses métodos foram desenvolvidos com base numa compreensão superficial da vida e sem um entendimento profundo do ser humano e da consciência humana. Eles parecem ter como único objetivo pacificar uma mente em constante agitação, na crença de que a prática espiritual aquieta a mente e é a única maneira de se elevar a consciência e atingir a iluminação. Alguns grupos chegam a ensinar as pessoas a apagar da memória as lembranças acumuladas.

No entanto, como já foi discutido, a pessoa é o próprio conjunto de lembranças acumuladas. Apagar essas lembranças significa obliterar a própria existência da pessoa; esse esforço não é aconselhável nem sequer possível. Seria muito bom se pudéssemos eliminar e resolver as emoções provocadas por essas lembranças, mas apagar o aprendizado valioso conquistado por meio das experiências é negar o significado da nossa humanidade.

As pessoas que se dedicam a essas práticas podem permanecer temporariamente no estado em que todo o pensamento se interrompe e todos os sentimentos sobre o mundo e emoções dolorosas desaparecem. Mas à medida que o tempo passa, todo tipo de lembrança, inclusive as emoções, é revivido. Esse método forçoso de prática reprime a consciência em expansão ao mesmo tempo que interfere no surgimento de muitas experiências novas da vida. As pessoas podem encontrar paz de espírito temporariamente por meio de vários métodos de controle da mente, mas eles nunca poderão levar à expansão da consciência ou à verdadeira iluminação.

Uma pessoa de dimensão elevada que viva um dia-a-dia comum pode passar por uma expansão repentina da consciência realizando as suas tarefas domésticas ou dedicando-se a práticas espirituais. Essa pessoa pode começar a sentir uma vibração sutil e contínua no corpo e ter uma vaga sensação de que ele está recoberto por uma membrana de energia. Para essa pessoa, tudo parece um sonho e às vezes é impossível pensar com o cérebro. Esse fenômeno acontece quando uma energia de alto nível ou a energia da Terra está conectada com a pessoa. Nesse caso é possível que ela recupere o seu nível de consciência original.

Ao observar esse fenômeno, alguns estudiosos da espiritualidade acreditam que esse tipo especial de prática ou experiência pode levar a consciência da pessoa a dar um salto e a passar para um nível mais elevado. Mas isso não é verdade. A expansão repentina da consciência que ocorre com alguns dos pesquisadores da verdade, na realidade consiste numa recuperação do seu nível original de consciência. Não se trata de um crescimento genuíno. A verdadeira expansão da consciência ocorre muito lentamente, pouco a pouco, com o acúmulo de aprendizado por meio de experiências. Ela nunca ocorre num breve período.

Alguns estudiosos da espiritualidade também se preocupam com a idéia de que, se não praticarem com afinco suficiente nesta vida, correm o risco de retroceder espiritualmente, em vez de evoluir. Esse pensamento também é um equívoco. Mesmo que a pessoa chegue à etapa final da vida com um nível baixo de consciência, sem ter recuperado o nível original, as lembranças armazenadas nunca deixarão de existir. Portanto, a freqüência original – ou seja, a consciência original do ser – nunca se tornará inferior.

PARTE TRÊS

PREPARAÇÃO PARA AS FESTIVIDADES CÓSMICAS

Introdução à Parte Três

As pessoas na Terra material têm sido, na verdade, "sapos num poço". A maioria delas, inclusive eu mesmo até pouco tempo atrás, vive com a crença de que este mundo material é o único que existe. Mesmo que exista o mundo invisível, pensam elas, deve estar muito além da nossa compreensão e não vale a pena nos esforçarmos para entender o significado verdadeiro da vida e do universo. Num certo sentido, a aceitação da possibilidade de que existam muitos outros mundos, que se estendem infinitamente além do mundo material, deixa as pessoas com uma sensação desconfortável; por isso elas evitam pensar nisso.

A ignorância profunda acerca do mundo verdadeiro é típica dos seres humanos da Terra material, em que todas as lembranças das vidas passadas, assim como as do mundo espiritual da quarta dimensão, ficam profundamente enterradas durante a reencarnação física. Antes de reencarnar no mundo físico, os seres conheciam, pelo menos em parte, o seu próprio íntimo e o sistema de reencarnações. Mas no momento em que os seres humanos começam a viver na Terra, com um corpo físico, eles caem em completo esquecimento. O véu material que se estende defronte dos seres humanos impediu até agora que a verdade profundamente guardada dentro deles pudesse vir à tona. Embora seja verdade que muitas pessoas sofrem grandes padecimentos e enfrentam sentimentos extremamente dolorosos em resultado desse esquecimento, também é verdade que esses seres são recompensados com um aprendizado muito maior dessa maneira.

No entanto, a situação mudou. É hora de toda a humanidade saber a respeito do mundo verdadeiro e de toda a verdade ser completamente revelada pela luz que emana de cima. Estamos todos na etapa final do Projeto Gaia, e todos os habitantes deste planeta estão agora prestes a se formar nesta escola muito especial chamada Terra.

Para que essa cerimônia de formatura seja memorável e muito gratificante para todos os formandos, é preciso que tanto os estudantes quanto a administração da escola passem por uma preparação. Os alunos precisam superar a sua mentalidade de "sapos dentro do poço". Em vez de buscar o conforto do conhecimento adquirido e das noções preconcebidas, eles precisam abrir a mente e estar preparados para aceitar a possibilidade de receber novas revelações acerca da vida, da Terra e do universo, como as feitas neste livro.

Nesta parte, em que se discutirá até que ponto podemos realmente confiar no conhecimento que temos, em que medida as noções preconcebidas nos influenciam e como este livro foi escrito, eu apresento várias razões por que você pode confiar neste livro e deve abrir a mente para essas novas possibilidades. Eu também discuto o que podemos fazer no momento para nos prepararmos para a Grande Mudança e o que podemos conquistar durante esse período especial.

CAPÍTULO NOVE

Preparações para a Grande Mudança

Por causa da mentalidade de "sapos dentro do poço", as perspectivas e atitudes das pessoas com relação à vida não mudam facilmente, especialmente sob circunstâncias normais. Elas só mudam quando as pessoas passam por experiências profundas como a morte de um ente querido ou uma doença fatal. Até os praticantes da espiritualidade, que passam grande parte do tempo meditando ou se dedicando a outros tipos de prática espiritual, só mudam de fato quando passam por experiências extremas ou absolutamente inusitadas.

A Grande Mudança da Terra proporcionará uma oportunidade preciosa para que tenhamos experiências especiais e possamos mudar radicalmente as nossas atitudes com relação à vida e até mesmo à chamada iluminação. Muitas pessoas despertarão ao presenciar vários fenômenos que farão parte do processo de purificação da Terra. Quando elas virem o mundo material que tanto prezam arruinando-se à sua volta e virem todas as autoridades sendo dizimadas, sem conseguir deter os acontecimentos, as pessoas terão a chance de olhar para trás e avaliar o seu materialismo.

Num primeiro olhar, a Grande Mudança da Terra parecerá aos olhos de muitas pessoas uma horrível catástrofe, mas posteriormente se reconhecerá que ela é a última oportunidade preciosa de um aprendizado especial para todos os seres que viveram na Terra até agora. Elas perceberão por si mesmas que os acontecimentos ocorridos na Terra não são acidentais, mas sim parte de um plano cuidadoso do universo – uma bênção cósmica para todas as pessoas da Terra. Essa constatação dará a elas a chance de se lembrar das suas próprias origens e passar por uma grande expansão da consciência.

Entre os leitores deste livro, não há dúvida de que muitos ainda estão enamorados do materialismo e não se sentem prontos para buscar a verdade da natureza humana e das suas origens. No entanto, outros começarão a perceber o fato de que o conteúdo deste livro é muito específico e sistemático para ser levianamente ignorado. Um número considerável de leitores, particularmente, pode levar a sério as mudanças que estão ocorrendo no planeta e por isso aceitar uma boa parte deste livro.

Esses leitores começarão a compreender que o objetivo comum de todos os seres da Terra é ampliar o seu aprendizado e expandir a sua consciência por meio de várias experiências. Os leitores podem já estar suficientemente despertos para entender a natureza original e incomparável da Terra e perceber que as pessoas deste planeta estão agora num momento especial da sua história. Esses leitores – quem sabe você, inclusive – talvez concordem com a idéia de que a Grande Mudança da Terra, agora em curso, proporcionará experiências extraordinárias e sem paralelo em todo o universo, e será a melhor oportunidade para qualquer indivíduo expandir enormemente a sua consciência.

Entre esses leitores que aceitam até certo ponto a possibilidade de que o Projeto Gaia seja real, muitos podem se perguntar o que, exatamente, eles devem fazer agora. Embora já possam ter notado que tudo parece estar sendo preparado pela administração do Projeto, e que talvez não haja nada que um indivíduo sozinho precise preparar, eles ainda podem ter a sensação de que deve haver práticas úteis ou estilos de vida mais apropriados para se adotar neste momento especial da história.

Neste capítulo, eu discutirei o que podemos fazer para nos preparar para a Grande Mudança da Terra. Insisto em dizer que a providência mais importante e urgente é ler este livro do começo ao fim e entender o seu conteúdo tanto quanto possível. Se as pessoas testemunharem o caos social e os desastres naturais com uma compreensão considerável do Projeto Gaia, o medo inicial se transmutará numa constatação do verdadeiro significado da vida e, por fim, em alegria e gratidão. Sem essa compreensão do Projeto Gaia, contudo, não poderá haver experiências benéficas.

Para que as pessoas abram a mente e aceitem uma nova possibilidade mais facilmente, parece necessário que se questione a confiabilidade do conhecimento existente e os problemas das noções preconcebidas. Para ajudar os leitores a avaliar com mais precisão este livro e julgar a legitimidade das informações que traz, também vou descrever aqui como ele foi escrito. Por meio dessas considerações, o Projeto Gaia parecerá aos seus olhos uma possibilidade verdadeira. Eu também explicarei o que pode ser feito e se as práticas espirituais são úteis ou não nesta altura dos acontecimentos.

Até que Ponto Podemos Confiar no Conhecimento que Temos?

Do ponto de vista cósmico, este livro explica a Terra, os seres humanos e a Grande Mudança da Terra, além de dar explicações sobre a vida neste planeta e a sua história. O conteúdo deste livro pode ser perturbador ou não ser aceito pela maioria das pessoas, pois uma boa parte das informações não só difere do que elas em geral pensam, do que se considera "o senso comum" ou do conhecimento científico, como também discorda dos ensinamentos espirituais ou das doutrinas religiosas vigentes. Em particular, a história da Terra e da espécie humana revelada neste livro é muito diferente do que afirmam os nossos livros de história, por isso até mesmo os leitores de mente mais aberta podem se sentir desorientados a princípio.

Para compreender e avaliar adequadamente este livro, parece-me necessário reconsiderar o que nós, seres humanos, sempre aceitamos como verdadeiro, e reexaminar o que sempre nos ensinaram a acreditar e aceitar como fato. Tome por base a história da Terra e dos seres humanos relatada no capítulo Quatro. Embora você possa custar a aceitar essa história como fato, a sua atitude com relação à História oficial pode mudar radicalmente quando você souber como ela é escrita.

Na verdade, a História tal como a conhecemos é questionável não só do ponto de vista do que realmente aconteceu, mas também da época em que aconteceu. Parece haver, entre os historiadores, uma grande dificuldade para precisar a data correta das ruínas de civilizações passadas. Sempre que novas ruínas arqueológicas são encontradas, geólogos, arqueólogos e historiadores tentam estimar a sua idade por meio de várias técnicas, e muitas vezes chegam até a revisar a história da Terra e da humanidade com base nesse dado. No entanto, as técnicas usadas para estimar datas parecem muito primitivas e pouco confiáveis. Muitas vezes, as datas estimadas por meio de cada uma dessas técnicas são tão diferentes entre si que é impossível chegar a um consenso. E essa diferença aumenta na mesma proporção da antiguidade da ruína. Isso nos leva a concluir que é, na realidade, impossível reconstruir a verdadeira história da humanidade com base na análise de ruínas arqueológicas.

Além da dificuldade que representa a datação dessas ruínas, também é preciso questionar até que ponto podemos confiar nos registros históricos. Até mesmo na era moderna, com os seus meios de comunicação de massa, a verdade nem sempre é revelada ao público, o que nos leva a crer que não se pode confiar nos dados históricos divulgados.

Talvez a História tal como a conhecemos tenha sido falsificada do começo ao fim. Até agora, a realidade é que, depois que uma doutrina é estabelecida como uma teoria, qualquer descoberta realizada dali para a frente precisa se encaixar nos parâmetros dessa teoria. Todas as outras que a contradigam são facilmente descartadas pelos círculos acadêmicos.

Levando tudo isso em consideração, descobrimos uma forte possibilidade de que a História oficial aceita pelo público em geral seja uma sucessão de distorções. Muitos aspectos dessa história, quem sabe todos eles, podem não estar corretos. Uma arqueologia que não se baseia em registros históricos sólidos não é uma ciência de fato, mas uma arte – uma literatura que é fruto de provas muito fragmentadas e da imaginação dos historiadores. Se você aceitar esse fato sobre o conhecimento histórico e arqueológico vigente, a leitura deste livro poderá começar a ampliar os horizontes da sua consciência.

Também precisamos questionar até que ponto o chamado "senso comum" e o conhecimento científico em geral são confiáveis. Em quase todas as áreas acadêmicas, enfatizam-se os estudos empíricos baseados em estatísticas. Na medicina e na psicologia, por exemplo, considera-se o que seja "normal" ou "anormal" por meio de várias técnicas estatísticas. Os traços presentes na maioria das pessoas são considerados "normais", enquanto aqueles presentes apenas numa minoria são considerados "anormais". Mas, na falta de uma teoria confiável ou de um conhecimento de fato abrangente do corpo humano e da mente humana, esses termos passaram a significar que certos traços são "bons" enquanto outros são "ruins".

O diagnóstico dos pacientes geralmente se baseia nessa análise dicotômica dos sintomas. E os médicos muitas vezes procuram transformar uma condição "anormal" em outra "normal", sem saber de fato a causa básica ou a razão do sintoma. Como a medicina moderna desenvolveu-se com base no tratamento dos sintomas, não no conhecimento real do ser humano e do corpo humano, é muito raro que se detecte a causa ou razão principal de um sintoma. Por isso, o diagnóstico de um médico típico não se baseia na doença ou na causa exata, mas nos sintomas que o paciente apresenta. Na maioria dos casos, os médicos usam vários métodos de tratamento, um de cada vez para tratar esses sintomas, geralmente começando por aquele que se revelou mais eficiente em experimentos de laboratório. Nas demais áreas acadêmicas costuma ocorrer algo parecido. A ciência moderna, em geral, não se baseia em fatos reais, mas em hipóteses ou teorias acadêmicas que são continuamente substituídas por outras mais novas.

Apesar do atual estado da ciência, a maioria das pessoas demonstra grande receptividade com relação às supostas descobertas científicas. Qualquer hipótese ou teoria aventada por um estudioso renomado é facilmente considerada como fato ou verdade consumada, e logo passa a ser aceita como conhecimento estabelecido ou senso comum. É claro que essa confiança do público na ciência moderna tem o seu fundamento. Na verdade, a confiança do grande público nos cientistas se baseia principalmente nas conquistas brilhantes alcançadas no século 20; o trabalho desses homens e mulheres da ciência foi o arcabouço teórico do progresso da civilização material. No entanto, a maioria dos ramos da ciência não conseguiu explicar as causas básicas dos fenômenos que estão ocorrendo no planeta e no corpo humano. Sem perceber esse fato, as pessoas muitas vezes pecam pelo excesso de confiança na ciência e no conhecimento estabelecido por darem a eles uma importância exagerada.

Um efeito colateral dessa valorização exagerada da ciência é a tendência das pessoas de não aceitar a verdade quando ela é revelada. Isso é especialmente verdadeiro com respeito ao mundo invisível que os cientistas ainda não foram capazes de detectar ou estudar. No entanto, o fato de que esse mundo invisível está além da compreensão da ciência moderna não significa que as pessoas devam desconfiar de toda e qualquer abordagem não-científica sobre o assunto ou de seus resultados. Significa, isto sim, que ao se julgar a legitimidade ou o valor de um livro que está além da compreensão da ciência, não é apropriado examinar se o seu conteúdo confirma o que dizem os cientistas.

Os estudiosos da espiritualidade podem ter dificuldade para aceitar este livro por uma outra razão: porque a maior parte das suas informações diverge do que pregam os ensinamentos da maioria das doutrinas espirituais e religiosas, e chega até a contradizê-los. Como este livro explica o universo vasto e ilimitado de modo tão claro e transparente quanto uma bola de cristal, para muitos praticantes espirituais pode ser frustrante aceitar o fato de que a verdade não pode ser expressa apropriadamente em nenhuma língua humana. Costuma-se dizer, inclusive, que, uma vez proclamada, a verdade deixa de ser verdade.

Como qualquer estudioso sabe, quanto mais clara e profunda a nossa compreensão de uma matéria, mais precisa e detalhada é a descrição que podemos fazer dela. Portanto, embora seja verdade que nenhum idioma humano é capaz de traduzir com exatidão a verdade do universo, essas limitações lingüísticas não justificam muitas afirmações ambíguas a respeito da verdade cósmica.

Do ponto de vista dos leitores, são tantas as afirmações a respeito de aspectos específicos da história humana e dos mundos invisíveis que se afigura difícil descobrir quais estão certas e quais estão erradas. No entanto, uma coisa é evidente: se os argumentos são contraditórios e inconsistentes, em conjunto eles não podem ser verdadeiros. Por isso, até certo ponto, a veracidade de um livro ou de outros dados só pode ser avaliada com base na sua sistematização e na coesão mútua de seu conteúdo.

Como Este Livro foi Escrito?

O conteúdo deste livro vai muito além dos conceitos e conhecimentos convencionais, mas não é, de maneira alguma, fruto da minha imaginação. Alguns autores de *best-sellers* podem escrever romances fabulosos dando asas à imaginação, mas este livro vai além até mesmo do que esses autores são capazes de imaginar. Alguns leitores podem perceber que ele só poderia ser escrito se a consciência do autor estivesse fora deste mundo e tivesse uma visão absolutamente cósmica de um grande acontecimento do universo, o Projeto Gaia.

Muitos leitores talvez se perguntem como este livro foi escrito. Alguns que já leram livros canalizados podem supor que este livro seja um deles. No entanto, não é esse o caso. Embora alguns livros canalizados ofereçam explicações detalhadas de ocorrências cósmicas e da vida no universo, a maioria deles não é tão sistemática e consistente quanto este livro.

Este livro é, sem sombra de dúvida, produto da minha mente, mas não se baseia nem na imaginação nem no processo de canalização. A versão original, em coreano, foi escrita de maneira muito peculiar, ao longo do período de apenas um mês. Com certeza não é fácil explicar de modo convincente o processo pelo qual ele foi produzido – nem mesmo para os leitores com grande conhecimento do mundo invisível e com experiência em práticas espirituais. No entanto, para ajudar os leitores a compreenderem como o Projeto Gaia está se desenvolvendo, parece-me importante dar uma explicação tão detalhada quanto possível sobre a composição desta obra.

Em dezembro de 2002, depois de publicar o meu primeiro livro *What We See Is Not the Only Truth*, eu subitamente recebi várias mensagens com respeito ao meu segundo livro. Essas mensagens partiram de diferentes seres e chegaram até mim de diferentes maneiras – por meio da canalização, de sonhos vívidos e "leitura energética" direta –, todas elas indicando que eu escreveria um novo livro. Porém, mesmo depois de receber essas mensagens, eu não fazia idéia de que tipo de livro eu escreveria, por isso não escrevi nada. No outono de 2004, voltei a receber mensagens sobre o livro, dessa vez por meio da canalização. No final de março de 2005, recebi uma mensagem específica segundo a qual eu deveria me preparar para escrever um livro dentro de uma semana.

Embora ainda não tivesse nenhuma idéia concreta acerca desse novo livro, eu me sentei diante do computador e esperei que os dedos começassem a digitar. O tipo de escrita automática que alguns médiuns vivenciam não aconteceu comigo; em vez disso, eu senti uma conexão muito nítida com uma energia especial por meio do sétimo chakra, o chakra da "coroa".

Desse momento em diante, eu fiquei em estado de contínua inspiração e várias lembranças da Terra e do universo registradas na minha aura foram, uma a uma, vindo à superfície. Enquanto eu digitava, esse conhecimento recém-revelado, impressionante até para mim, combinou-se com as informações e conclusões a que eu chegara nos anos anteriores, por meio de um processo de autodespertar e de experiências espirituais marcantes, entre elas regressões a vidas passadas. Reestruturando de maneira organizada o meu vasto conhecimento sobre o Projeto Gaia, finalizei o manuscrito num brevíssimo espaço de tempo.

Como alguns leitores já podem ter deduzido, este livro foi planejado muito tempo atrás pela cúpula do Projeto para ajudar os guias do Projeto a despertar e o público em geral a se preparar para a Grande Mudança da Terra. Eu fui designado para escrever este livro e consegui concluí-lo no tempo certo, com a orientação e apoio dos *Shin-myeongs*.

Embora existam vários meios possíveis para despertar as pessoas durante o último período do Projeto Gaia, a leitura deste livro e a compreensão do Projeto são essenciais. Quando as pessoas começarem a aceitar o conteúdo desta obra, não por esforço próprio, mas por meio do processo natural de assimilação, elas começarão a despertar e perceber quem realmente são, o que vieram fazer neste planeta, o que acontecerá com ele e o que elas podem conquistar durante o período da Grande Mudança.

Como descrito acima, eu aprendi tudo o que foi explicado neste livro por meio de um processo natural, e depois organizei o seu conteúdo. Dessa maneira, o livro mais incomum jamais escrito na história da humanidade foi concluído. Eu espero que muitos leitores dispostos, desde o princípio, a acreditar nas informações aqui apresentadas percebam que elas são verdadeiras, principalmente quando testemunharem o caos social e vivenciarem grandes acontecimentos na Terra nunca antes imaginados.

Além das Noções Preconcebidas

Como eu já disse, para se prepararem para a Grande Mudança da Terra, o mais importante é que as pessoas leiam e compreendam este livro o mais profundamente possível. Além disso, no entanto, também é fundamental que elas reconheçam as suas noções preconcebidas e se desvencilhem delas. Como os leitores agora sabem, a expansão da consciência deve ser a única preocupação de todos os seres da Terra. Além dos guias, cujo principal objetivo ao vir à Terra é cumprir missões relacionadas ao Projeto Gaia, todos os seres que viveram na Terra estiveram aqui para aprender por meio de experiências. A Grande Mudança logo garantirá que a última etapa do Projeto Gaia seja a melhor oportunidade para que os seres humanos expandam a sua consciência.

Para aproveitar a Grande Mudança como uma oportunidade de aprendizado, as pessoas precisam saber que talvez os maiores obstáculos à expansão da consciência humana sejam as noções preconcebidas. Essas noções são "molduras" através das quais as pessoas vêem o mundo, ou maneiras de pensar arraigadas. Elas cerceiam o pensamento do ser humano e restringem o seu raio de ação. Todas as sociedades são repletas de sistemas de crença, que são introjetados na mente das pessoas em nome da moral ou de códigos de conduta.

Esses sistemas de crença são dotados de certos padrões de julgamento sobre o que é aconselhável ou não no comportamento humano e em todos os tipos de relacionamento, como aqueles entre parceiros, pais e filhos, amigos, vizinhos, patrões e empregados e assim por diante. A maioria das noções relacionadas ao sexo masculino e feminino ou à estética também se forma na infância e as noções de religião nos são geralmente impostas pelos nossos pais ou pessoas religiosas. Todas essas idéias impostas pela sociedade têm uma influência considerável sobre a nossa vida.

A maior parte dessas noções preconcebidas se forma no ambiente doméstico e na escola e pretende nos transformar em alunos mais brilhantes, profissionais mais bem-sucedidos e cidadãos mais respeitáveis. Quando os valores ou a maneira de pensar de um indivíduo estão de acordo com os sistemas de crença da sociedade, ele tem mais facilidade para se adaptar às realidades da vida. Porém, quando eles estão em conflito com esses sistemas, a pessoa sente dificuldade para se adaptar à vida material na Terra e com isso sofre e passa por situações complicadas.

Em suma, as noções preconcebidas contribuem para tornar a vida material mais tranqüila, mas são ao mesmo tempo um obstáculo à expansão da consciência – uma vez que limitam as experiências humanas e interferem na livre opinião. Tomemos como exemplo uma pessoa muito moralista. No momento em que ela se depara com algo novo, passa inconscientemente a tecer juízos de valor com base nas suas noções preconcebidas, e definindo o que deve ou não fazer usando essas noções como critério.

É importante perceber que sistemas de crença como a moralidade e os códigos de conduta não se baseiam nas nossas experiências pessoais, mas no modo de pensar e nos juízos de valor dos outros. Portanto, viver uma vida pautada em regras sociais é o mesmo que dar a sua vida às outras pessoas. Ou seja, se a pessoa viver preocupada em preencher as expectativas da sociedade, ela não terá vida própria, visto que não viverá experiências que permitirão a expansão da sua consciência. Mesmo que essas noções preconcebidas não sejam impostas por ninguém, mas cultivadas pela própria pessoa, o efeito sobre a sua vida espiritual não é diferente. Como a pessoa com noções preconcebidas percebe e julga as situações do presente como se fossem experiências do passado, ela não aceita as experiências novas como tal.

Entre os vários tipos de idéias preconcebidas, as que mais afetam a expansão da consciência são as relacionadas à espiritualidade. O mundo espiritual, imperceptível aos cinco sentidos do corpo físico, só pode ser percebido pelas pessoas com dons mediúnicos desenvolvidos. E mesmo as informações transmitidas por essas pessoas são, na maioria das vezes, imprecisas. Várias religiões e seitas adotam essas informações duvidosas como uma doutrina. Depois que idéias fixas sobre a espiritualidade se transformam em doutrinas religiosas, não é fácil fazer com que os seguidores aceitem novas informações, conhecimentos ou experiências espirituais que não estejam em sintonia com essas idéias. Portanto, as novas experiências e a expansão da consciência são reprimidas.

A consciência do indivíduo fica confinada ao espaço restrito dessas idéias preconcebidas e presa a elas devido a muitas dessas noções. Quanto mais poderoso o conjunto de idéias que a pessoa tem, mais a sua consciência fica amarrada a um espaço exíguo. É como se ela fosse escrava das suas próprias idéias. A consciência só se expande aos poucos quando ela consegue se desvencilhar desses sistemas de crença arraigados. Então ela vai se tornando cada vez mais ativa e livre, cada vez que a pessoa rompe uma norma social. Se ela se livrar de todas essas idéias preconcebidas, a sua consciência se expandirá por todo o universo e será completamente livre.

Durante o período da Grande Mudança, os seres humanos testemunharão muitos acontecimentos extraordinários. Se as pessoas ainda estiverem armadas com as suas várias idéias preconcebidas e julgarem os eventos da Grande Mudança com base nessas idéias, não conseguirão superar a dor e a raiva profundas causadas por eles e a consciência delas não se expandirá. Em contrapartida, se as pessoas estiverem prontas para se libertar das suas crenças sobre o mundo, então estarão numa situação totalmente diferente. Quando um acontecimento sem precedentes ocorre, os indivíduos podem inicialmente sentir as mesmas emoções – como frustração, dor e raiva. No entanto, depois que começam a descartar as suas idéias arraigadas e a buscar novos significados para a situação, em vez de julgá-la com base no seu sistema de crença, as novas experiências começam a surgir.

Quando se livra das suas antigas idéias, você passa a reconhecer os conceitos e informações novas como possibilidades reais, em vez de rejeitá-los imediatamente, e pode dar uma nova interpretação a eles. Ou seja, em vez de logo julgar os acontecimentos ocorridos durante a Grande Mudança como catástrofes ou desastres, as pessoas podem começar a dar novas interpretações e descobrir novos significados para esses eventos, possibilitando a expansão da consciência. Assim, a superação de cada uma das nossas noções preconcebidas é uma parte muito importante da nossa preparação para a Grande Mudança da Terra.

Aparentemente, a superação dessas idéias não é tão fácil assim para todo mundo, especialmente para as pessoas que consideram os seus sistemas de crença como parte da sua identidade. No entanto, você pode começar o processo de desmantelamento das suas idéias costumeiras observando cuidadosamente a sua mente e o seu comportamento. Você primeiro se pegará rotulando impensadamente os vários acontecimentos da sua vida como "bons" ou "ruins", usando como critério as suas idéias preconcebidas. Depois de compreender isso, você começará a perceber que está, na verdade, cercado por numerosas idéias preconcebidas e amarrado a elas. Você é absolutamente controlado por elas, embora pense que está vivendo livremente a sua vida e de posse do seu livre-arbítrio.

Quando você descobre que a maioria das suas crenças não são suas, mas foram herdadas das pessoas à sua volta, começa a constatar que até então você não viveu a sua própria vida; viveu a vida de outra pessoa. Se você chegar à conclusão de que não existe um valor universal nos sistemas de crenças que herdou, e que a sua liberdade de pensamento e a expansão da sua consciência foram restringidas por essas noções preconcebidas, estará pronto para descartar todas elas, uma a uma.

Como eu já disse, essas noções proporcionam uma espécie de suporte que ajuda a pessoa a se ajustar melhor à sociedade. Por isso, enquanto você ainda quiser ter uma vida abundante e feliz do ponto de vista material, o processo de questionamento e libertação dessas idéias pode não ser fácil em circunstâncias normais. Porém, cedo ou tarde você se verá numa situação inusitada, em que as suas prioridades deixarão de ser a abundância material e passarão a ser a compreensão do verdadeiro sentido da sua vida.

Essa será a hora de você começar a transcender de fato as suas idéias preconcebidas. Antes disso, no entanto, você precisa compreender profundamente o significado dessas idéias herdadas e a influência que elas exercem sobre a sua vida e o seu crescimento espiritual. Essa compreensão pode vir naturalmente, por meio da meditação, de práticas espirituais ou como resultado da leitura de livros espiritualistas, inclusive daqueles recomendados no apêndice deste livro. Porém, ela será mais rápida se você ler este livro várias e várias vezes e entender muito bem o Projeto Gaia.

O Significado das Práticas Espirituais

Muitos aspirantes espirituais acham que práticas especiais como a meditação e o trabalho com energias são atividades sem nenhuma relação com a vida diária. Essas pessoas geralmente dão prioridade a essas práticas consideradas "espirituais", em detrimento de tudo o mais na vida.

Se uma pessoa se dedica à espiritualidade sem se deixar envolver pelo mundo material, isso significa, evidentemente, que a sua consciência é bem diferente da do público em geral. No entanto, como foi explicado no capítulo Oito, aqueles que consideram as práticas espirituais como sendo a coisa mais importante da vida só pensam assim porque têm uma visão muito equivocada da vida na Terra. Todo e qualquer momento da vida neste planeta deve ser devotado ao aprendizado, por isso o nosso dia-a-dia é, na verdade, uma forma de prática espiritual. A expansão da consciência ou o crescimento espiritual podem acontecer não só por meio de práticas espirituais, mas também da vida diária. Toda experiência pela qual passa o ser humano oferece uma oportunidade para a expansão da consciência. Para as pessoas em geral, o cotidiano talvez traga mais chances de crescimento espiritual do que as práticas espirituais.

Evidentemente, devotar a vida toda a técnicas e práticas ascéticas intensas pode ser uma boa idéia para as pessoas que já se dispuseram a fazer isso antes de encarnar. No entanto, se uma pessoa tem obsessão por práticas espirituais, mas a situação em que se encontra não lhe permite dedicar tempo ou dinheiro suficiente a elas, essa pessoa pode estar perdendo muitas oportunidades para aprender na vida. Alguém que não compreende bem as práticas espirituais devido às idéias preconcebidas que cultiva a respeito delas, ou à fixação que tem por essas práticas, não será capaz de manter a atenção plena em cada momento da vida e não passará por experiências intensas.

Os espiritualistas sempre falam sobre a iluminação, que consideram o objetivo supremo da vida. Embora os pesquisadores da verdade defendam conceitos ou façam interpretações muito diferentes acerca da iluminação, cada um desses conceitos pode indicar uma experiência especial do *gi* (energia). A experiência da iluminação pode ocorrer na vida do pesquisador de modo lento e discreto ou pode vir na forma de uma mudança súbita no corpo e na mente dele, acompanhada de várias experiências espirituais. O denominador comum em ambos os casos é a mudança radical no estado energético da pessoa, a grande expansão da consciência e – o mais importante – o seu autodespertar.

Além de compreender claramente que todos os seres estão ligados à Origem do universo e que tudo no universo se origina de uma única fonte, a pessoa que passa por esse processo de despertar sente por um tempo uma paz quase perfeita. Para a pessoa que só reconhece a existência do mundo da terceira dimensão sob a concha material, a abertura do *hyeol* – os pontos de acupuntura do corpo – e a conexão da mente com a energia quadridimensional ou superior são experiências realmente especiais.

A iluminação, muitas vezes chamada de emancipação ou salvação, pode ser compreendida como um estado em que o ser está livre do seu disfarce material. Embora alguns espiritualistas a interpretem como um estado em que se tem sabedoria para desvendar o universo ou se concluiu o processo de desenvolvimento humano, essa interpretação está muito longe da verdade. Entre as pessoas que passaram pela experiência da iluminação, existem aquelas que aos poucos começam a compreender a verdade a respeito do universo conectando-se com as energias da quinta dimensão ou de dimensões superiores, graças à sua freqüência original elevada. Mas, na maioria dos casos, as pessoas começam a aproximar a sua consciência da freqüência da quarta e, depois, da quinta dimensão conectando-se com a terceira e a quarta freqüência dimensional da Terra. Tendo isso em mente, as práticas espirituais podem ser interpretadas como técnicas para perceber o mundo invisível da quarta dimensão, e a iluminação pode ser descrita como um estado no qual o ser tem uma compreensão clara da existência da quarta dimensão e já está pronto para se elevar até a quinta.

Se considerar a iluminação a partir dessa perspectiva, você entenderá que as práticas espirituais ou a iluminação são apenas algumas das experiências terrenas que os seres humanos podem ter, especialmente se forem seres da quarta dimensão ou de dimensões mais elevadas que vieram à Terra por várias razões. Graças às lembranças que têm dos mundos de freqüência elevada deste universo, e que transcendem o mundo material, esses seres muitas vezes mostram uma tendência para se dedicar à espiritualidade e buscar a iluminação, uma vez que não se satisfazem facilmente com a realidade da vida na matéria. No entanto, mesmo que atinjam a iluminação, eles ainda não podem elevar a sua freqüência atual acima do seu nível original ou atingir um estado especial de consciência que nunca atingiram antes.

Em contrapartida, os progressos rumo à iluminação podem ser o mais importante objetivo da vida da maioria das pessoas. Para atingi-lo é essencial que maximizemos as nossas experiências ao mesmo tempo em que consideramos cada momento da nossa vida com a mente aberta. O julgamento precipitado de algo novo, que é feito com base em noções preconcebidas e no conhecimento convencional, pode interferir no surgimento de novas experiências. Se a pessoa não der atenção plena a cada momento da vida, preocupando-se mais com o futuro ou com o passado, a intensidade da experiência enfraquece e a expansão da consciência não acontece como deveria.

A expansão da consciência acontece gradativamente por meio de experiências diretas. Alguns pesquisadores espirituais às vezes sentem que passam por uma grande expansão consciencial de uma hora para outra – enquanto meditam ou lêem um livro de cunho espiritualista. No entanto, essa experiência não é de fato uma expansão da consciência, apenas uma sensação causada pelo restabelecimento do seu nível de consciência original. Se nos comovemos com certos livros espiritualistas é porque eles apresentam informações que trazem à tona lembranças que guardamos dentro de nós. Esse fenômeno nos ajuda a recuperar o nosso nível de consciência original, mas nunca proporciona uma nova experiência ou uma expansão verdadeira da consciência.

Para expandir de fato a consciência, acima de tudo é necessário observar as próprias crenças preconcebidas e reconhecer os problemas que elas causam. Um meio rápido de expandir a consciência é reconhecer todas as noções preconcebidas que você tem e questionar todas elas, uma por uma. Isso deveria ser considerado uma alta prioridade, pois dá mais espaço para a consciência se expandir. Quando você se dispõe a deixar para trás essas crenças e abrir a mente para o mundo lá fora, o seu poder de reconhecimento aumenta naturalmente. Afastando-se aos poucos do pensamento egocêntrico, os seus interesses – que antes gravitavam em torno dos seus pais, irmãos e amigos – passam a abranger todas as pessoas ao seu redor, até o seu país e a humanidade como um todo. Você também começa a se importar com as formas de vida não-humanas e a aceitar mais facilmente a existência de extraterrestres e ÓVNIS.

O mais importante para todas as pessoas que habitam a Terra neste momento é superar os preconceitos e olhar o mundo com a mente aberta. Isso é fundamental não só para as pessoas comuns, que ainda só reconhecem a existência do mundo material, mas principalmente para aquelas que acreditam já ter atingido a iluminação por meio de práticas espirituais ou se julgam grandes conhecedoras da espiritualidade. Aquelas que há muito se dedicam às práticas espirituais costumam se encapsular numa concha mais sólida ainda, sendo portanto ainda mais difícil para elas romper essa concha e se libertar. Os seus preceitos religiosos, experiências espirituais e conhecimentos acumulados não só criaram essa carapaça espessa e um ego espiritual exagerado, como lhes dão uma sensação tão grande de conforto dentro da carapaça que elas nem sequer percebem que estão confinadas dentro de um espaço exíguo.

É fundamental que essas pessoas vejam o que a iluminação que vivenciaram realmente significa. Ela abrange todo o universo ou se restringe à Terra? O que elas pensam que sabem é de fato real ou apenas um amontoado de informações que leram nos livros? Se os conhecimentos de uma pessoa são capazes de explicar todos os fenômenos deste mundo de modo sistemático e consistente, pode ser que eles de fato contenham a verdade do universo. Do contrário, são apenas uma indicação de que ela precisa sair da concha que criou para si mesma e olhar o mundo de um ponto de vista diferente.

O que Podemos Fazer Neste Momento?

A melhor preparação para a Grande Mudança é acatar o Projeto Gaia, não apenas acreditando na sua existência, mas procurando entender o que ele significa. Se você está disposto a aceitar a possibilidade de que o mundo seja muito diferente do que afirmam as teorias tradicionais, reserve um tempo para contemplar a si mesmo e o mundo. Você pode investigar para ver se existem mundos ocultos que você se negava a ver, assumir pontos de vista diferentes ou analisar os princípios fundamentais deste mundo sob uma nova luz. Você então começará a perceber o mundo invisível ao lado do físico e a entender que esse mundo energético é, na verdade, a essência real do nosso mundo. Desse momento em diante, o seu leque de conhecimento sobre a vida e o universo se ampliará rapidamente e você começará a entender este livro com muito mais facilidade, profundidade e riqueza de detalhes – e assim estará muito mais preparado para a Grande Mudança.

No entanto, se você não se abrir para novas idéias e, em vez disso, se aferrar às teorias convencionais, às noções preconcebidas ou a doutrinas religiosas, talvez não reconheça os sinais da Grande Mudança e começará a sentir ansiedade, incerteza, medo e frustração. Para se abrir para idéias e conceitos novos, você precisa, em primeiro lugar, questionar o conhecimento que já tem, perguntando-se se ele realmente tem fundamento, e reconhecer as suas idéias preconcebidas como tal e até que ponto elas influenciam a sua vida. Se você constatar que de fato está preso a muitas idéias descabidas, então pode começar a questionar cada uma delas. E, quando constatar que muitos dos seus conhecimentos não têm fundamento, incluindo o chamado "bom senso", você conseguirá olhar com mais receptividade os novos conceitos e mensagens e estará mais preparado para a possibilidade do Projeto Gaia.

Essa mudança que mencionei é fundamental, e para muitas pessoas talvez ela nunca aconteça em circunstâncias normais. No entanto, milhares delas a viverão neste período do tempo, especialmente quando começarem a presenciar uma destruição em massa e o colapso do mundo material. Além disso, a elevação contínua da freqüência vibratória do planeta ajudará imensamente as pessoas a transferirem o seu foco de atenção da felicidade material para o crescimento espiritual, pois os seus chakras e *kyeong-hyeols* se abrirão naturalmente e elas passarão a perceber o mundo energético invisível.

Durante esta época tão especial da história da humanidade, também é importante que sigamos os sentimentos interiores. À medida que vivemos cada momento da vida, devemos manter o foco, não no passado ou no futuro, mas no momento presente. Todas as pessoas que vivem num corpo humano planejaram esta vida antes do nascimento. Nesse planejamento, os tipos de experiências que iria vivenciar e as lições que aprenderia foram cuidadosamente analisados antes que você viesse para o plano material. Todos os seres encarnados neste período da história, particularmente, têm planos articulados sobre como aproveitar o seu tempo durante a última etapa do Projeto Gaia. Por isso, viver de acordo com esse plano original é e sempre será a melhor coisa a fazer na vida.

Para descobrir qual é o nosso plano original, é importante que sigamos os nossos sentimentos interiores, que no início são sutis, mas com o tempo vão se tornando mais fortes. Esses sentimentos são bem diferentes dos nossos desejos mundanos – como, por exemplo, o desejo de ter fama, dinheiro ou beleza física – ou dos pensamentos gerados pelos nossos processos mentais. Embora muitas vezes seja difícil diferenciar os sentimentos internos dos nossos desejos ou pensamentos, especialmente quando sempre pensamos com o cérebro e temos muitas ambições materiais, podemos começar a perceber esses sentimentos observando o nosso mundo interior a cada momento.

Várias práticas espirituais – inclusive a meditação, o *gi* e o yoga – podem ajudá-lo a perceber o mundo invisível e a expandir a consciência além do mundo material. É provável que, com elas, você comece a aceitar com mais facilidade a possibilidade da existência do Projeto Gaia. Em contrapartida, também existe o risco de que essas práticas fortaleçam o seu ego espiritual e tornem a sua carapaça ainda mais espessa. Você também pode acabar se expondo a informações incorretas ou a crenças equivocadas sobre o mundo. Por isso, é importante compreender profundamente as limitações e problemas das práticas espirituais, se você optar por alguma delas.

CAPÍTULO DEZ

Bênçãos Cósmicas na Terra

Até o momento, a Terra serviu como um lugar especial de aprendizado. Essa escola aceitou até agora os candidatos a alunos e permitiu que eles aprendessem por meio de suas próprias experiências. Essa escola tem uma estrutura dual: uma para sessões práticas verdadeiras – e outra para rever o passado, descansar e planejar o futuro.

As sessões práticas ocorrem numa sala ampla, sem divisórias, onde cada aluno usa um disfarce, que lhe cobre todo o corpo, e passa por experiências diversas e intensas, num estado de completo esquecimento com relação ao passado. A maior parte do aprendizado ocorre durante as sessões nessa sala de treinamento.

Depois que o aluno terminou uma sessão prática, ele deixa essa sala de aula e vai para outra parte da escola, agora sem o disfarce. Bem diferente da intensidade e da competitividade da sala de treinamento, a atmosfera desse outro ambiente é repousante e cheia de amor. Ali, os alunos descansam e se preparam para outra sessão prática.

Dependendo das características do aluno – incluindo o nível de freqüência original, o tipo de disfarce que ele usou na sessão prática anterior, as suas preferências, tendências, etc. – ele é enviado para uma das muitas salas de aula, designadas para diferentes propósitos e atividades. Também existem todos os tipos de espaços preparatórios para a sessão prática seguinte.

Os alunos que estão do lado de fora da sala de treinamento podem assistir às atividades realizadas dentro dela sempre que quiserem, mas os alunos que passam pela sessão prática não vêem o lado de fora. Por isso a maioria dos alunos da sala de treinamento nem mesmo suspeita de que exista alguma coisa fora da sala.

Nos últimos tempos, têm corrido boatos entre os alunos da sala de treinamento de que existe um outro lugar, fora da sala, mas quase nenhum aluno acredita nisso ou se interessa em saber se é verdade ou não. Sem perceber que na verdade são alunos e estão numa sessão prática para aprender por meio de experiências, eles acham que a sala de treinamento é o único lugar que existe no mundo. Por isso, dedicam a vida à corrida por bens materiais.

Muito tempo atrás, a diretoria da escola decidiu fechar as portas dessa escola especial e transformá-la numa espécie de universidade, onde só serão aceitos os alunos com um grau mais elevado de instrução. Para que essa transformação seja suave e eficiente, muitas providências têm sido tomadas. Uma das mais importantes é a limpeza e reforma das instalações da escola, inclusive da sala de treinamento e de outras salas.

Essa reforma começou com essas salas, mas agora já abrange a sala de treinamento também. Como uma parte da sala está em obras, toda a atmosfera está ficando tensa. Agora chegou o momento de toda a sala de treinamento ser demolida.

Embora alguns alunos dentro da sala sintam que algo de anormal está acontecendo, a maioria ignora os sinais, achando que não se trata de nada sério. No entanto, todos os estudantes que estão do lado de fora foram notificados, muito tempo atrás, a respeito do fechamento da escola. Enquanto fazem as malas e esperam o dia da partida, muitos deles se perguntam que escola da galáxia será mais apropriada para eles. No espaço em volta da escola, muitas aeronaves esperam para transportá-los para diferentes destinos.

Até pouco tempo atrás, os alunos que acabavam o seu aprendizado na sala de treinamento eram orientados a sair da sala. Mas agora a passagem dessa sala para o ambiente externo está fechada e os alunos são orientados a subir a bordo dos veículos que flutuam ao redor da escola. Por causa da movimentação intensa da diretoria da escola e dos alunos, pode-se sentir agora uma atmosfera tensa.

Até o momento, a diretoria se empenhou para ajudar cada um dos alunos. Houve muitas ocasiões no passado em que a sala de treinamento ficou parcial ou totalmente em obras ou inundada, para obrigar todos os alunos a sair da sala. Atualmente, para que os alunos possam aproveitar ao máximo o aprendizado, os prédios da escola estão sendo demolidos aos poucos e muitos outros eventos, diferentes de um colapso repentino, estão sendo introduzidos pela diretoria.

Por meio dos preparativos cuidadosos da diretoria com relação aos alunos de partida, o fechamento da escola está servindo como um grande aprendizado para todos. As pessoas terão tempo suficiente para perceber que a escola fazia parte de um elaborado plano do universo, em que os seres podiam aprender por meio de experiências vívidas, descobrir por que viveram na Terra até o momento e entender o que está realmente acontecendo. Além disso, depois de estudar cuidadosamente o nível de instrução e as preferências de cada aluno, a diretoria da escola os ajuda a encontrar outras escolas apropriadas para garantir que todos os seres usufruam ao máximo do seu aprendizado nessas novas escolas.

Essa é uma descrição metafórica do atual estado da Terra, que tentei explicar até agora neste livro. Trata-se de algo bem diferente do que o público em geral acredita e os pesquisadores da verdade conhecem, mas é uma explicação muito precisa do que se passa na Terra. Ela pode não parecer aceitável para as pessoas que até o momento só reconheceram a existência do mundo material, mas se trata de um retrato verdadeiro da Terra, da vida nesse planeta e da situação em que ele ora se encontra.

Se as pessoas ignorarem esses fatos, insistindo nas suas idéias materialistas e aferrando-se às suas crenças religiosas, a Grande Mudança da Terra será um grande padecimento para elas. Para aquelas que só derem valor à vida física ou interpretarem a Grande Mudança como uma catástrofe, as imensas mudanças pelas quais passará o planeta provocarão preocupação e medo indescritíveis à medida que forem implementadas. Quando as pessoas presenciarem casas e prédios vindo abaixo como brinquedos e o chão desaparecendo sob os seus pés, ao mesmo tempo em que amigos e parentes morrerem de doenças misteriosas, elas correrão desorientadas, para tentar encontrar um meio de sobreviver.

No entanto, ninguém encontrará um "abrigo" perfeito onde possa se esconder dessa Grande Mudança. Aqueles que tiverem alguma compreensão deste livro ou do modo como o universo funciona saberão que não existe essa coisa de "grande catástrofe final" e por isso não precisam fugir dela.

É importante que todas as pessoas na Terra percebam o verdadeiro significado da vida, do universo e da Grande Mudança da Terra. É uma completa perda de tempo perambular pelo mundo em busca de um lugar seguro onde seja possível evitar a catástrofe. Também é importante saber que não adianta nada tentar descobrir quando, onde e o que vai acontecer no futuro ou tentar prever esses acontecimentos. Não existe nenhuma possibilidade de alguém saber de antemão quais acontecimentos ocorrerão durante a Grande Mudança. Se essa informação vazasse para o público, seria apenas um grande obstáculo para a boa execução do projeto e para o salto da consciência da humanidade. Portanto, se alguém afirmar que dará o local e a data precisa de algum desastre natural, saiba que não se trata de uma informação correta ou fundamentada.

Desde o início do Projeto Gaia, a Grande Mudança foi planejada para ser a etapa final. Como o principal objetivo dos habitantes do planeta é aprender por meio de experiências, a Grande Mudança destina-se a ser uma festividade cósmica, em que os formandos passarão por experiências especiais de última hora, que os levarão a dar um salto de consciência. De acordo com o plano, as pessoas de início sofrerão muito com o colapso de tudo em que confiaram durante tanto tempo, mas logo sentirão uma grande alegria, paz absoluta e enorme gratidão pela Origem, ao constatarem quem realmente são e por que estavam na Terra. Esse processo acontecerá com todas as pessoas que abram a mente para novas possibilidades.

Para que essas festividades fossem possíveis, muitas providências foram tomadas durante um longo período de tempo. Foi necessário, por exemplo, que se afrouxassem algumas das regras rigorosas que regem o mundo físico. Para que o aprendizado fosse maior, manteve-se em segredo o modo como a Terra funciona, de modo que quase ninguém percebesse que ela é, na verdade, uma escola especial. No entanto, para viabilizar as festividades finais, foi preciso revelar aos poucos alguns dos segredos da Terra e dar às pessoas algumas indicações a respeito do verdadeiro significado da vida neste planeta.

Em primeiro lugar, algumas das regras que regulamentam o processo reencarnatório começaram a ser amenizadas. Até que essa decisão fosse tomada, com exceção de alguns poucos casos, as lembranças das vidas passadas eram apagadas no momento da encarnação. Depois da decisão, no entanto, algumas pessoas começaram a perceber vagamente a existência do mundo espiritual e do sistema de reencarnações. Algumas começaram a ter vislumbres de suas vidas passadas e do mundo espiritual durante a meditação ou por meio de práticas espirituais. À medida que mais pessoas recebiam a permissão de desenvolver os seus sentidos e dons espirituais, mais se descobria sobre as verdadeiras feições do planeta, que se compõe de dois mundos, o físico e o espiritual.

A partir da segunda metade do século 19, começaram a surgir novas idéias sobre o mundo, como a Teosofia e o movimento da Nova Era. À medida que novos métodos de investigação da verdade e novas maneiras de pensar sobre Deus e o universo foram vindo à tona, mais e mais ocidentais se afastaram da religião cristã tradicional, segundo a qual a única salvação é Jesus Cristo e a igreja católica. Ao mesmo tempo, a compreensão das vidas passadas e da reencarnação começou a se difundir. As leituras que Edgar Cayce fazia das vidas passadas de muitas pessoas e as curas que essas leituras possibilitaram exerceram grande influência sobre o Ocidente e levaram muitos a aceitar a existência das vidas passadas e da reencarnação.

Além disso, muitos monges do Lamaísmo, incluindo o Dalai Lama, foram para o exílio depois que a China invadiu o Tibete, propiciando aos ocidentais uma oportunidade de conhecer o budismo tibetano e a estudar e aceitar a idéia da reencarnação. Muitos estudiosos da espiritualidade que já aceitavam a existência das vidas passadas também passaram a acreditar mais ainda em reencarnação quando começaram a ver as suas vidas passadas em sonhos vívidos ou durante a meditação.

Pouco tempo atrás, a existência das vidas passadas e da reencarnação começou a ser descoberta de outro modo: por meio das regressões induzidas por hipnose. Embora a sua autenticidade ainda seja assunto de muitos debates, a lembrança de vidas passadas por meio da hipnose mudou totalmente o modo como muitas pessoas encaravam a vida. Durante a regressão a vidas passadas, as pessoas não apenas assistem a cenas de suas vidas passadas do ponto de vista de um observador, mas voltam a sentir as emoções que essas situações lhes despertaram. Por meio dessa experiência, ocorre um poderoso processo de autodespertar, relacionado ao verdadeiro sentido da vida, e a vida dessas pessoas muda radicalmente.

Nos últimos anos, muitas pessoas têm passado por experiências de quase-morte, em que se lembram do que lhes aconteceu depois que foram consideradas clinicamente mortas. Essas experiências estão acontecendo a muitas pessoas ao redor do mundo agora, despertando-as para aceitar o mundo depois da morte física e para perceber o verdadeiro significado da vida. Muitas pessoas também passaram a perceber a existência do *gi* (a energia do universo) e a reconhecer o mundo invisível por meio das práticas orientais do *gi* ou do yoga, que se popularizaram em todo o mundo.

Além disso, surgiu nos últimos tempos um número considerável de médiuns, capazes de se comunicar com vários seres espirituais. Esses médiuns podem transmitir mensagens de vários seres do mundo invisível. É verdade que muitas mensagens transmitidas por intermédio dos médiuns não procedem de seres de dimensões muito elevadas, mas da terceira ou da quarta dimensão, ou são produto até de formas-pensamento criadas pelo homem. Por isso, a mensagem e a informação transmitida muitas vezes são inexatas ou distorcidas. Alguns médiuns também não foram bem preparados para cumprir esse papel, pois não têm uma mente pura o suficiente para transmitir essas mensagens sem distorcê-las. No entanto, o fenômeno da mediunidade propriamente dito e a mensagem global desses médiuns são muito importantes para despertar as pessoas, expandir a consciência delas e prepará-las para a Grande Mudança da Terra.

Até agora, as principais mensagens recebidas por meio da mediunidade foram: que uma grande mudança está em curso no planeta, que a Terra ascenderá para a quinta dimensão e que a energia emocional de cada indivíduo será purificada ou liberada. Embora algumas pessoas dêem crédito a todas as mensagens canalizadas e com isso fiquem totalmente confusas com relação à vida e ao universo, as mensagens canalizadas desempenham um papel fundamental na Grande Mudança.

O avistamento de muitos ÓVNIS ou veículos espaciais no mundo todo, especialmente na segunda metade do século 20, também está despertando muitas pessoas. Esses avistamentos ajudaram as pessoas a pensar sobre a possibilidade da existência de outros mundos fora da Terra e a expandir a consciência delas além do mundo material. À medida que o tempo passa, o número de pessoas que avistam ÓVNIS ou que relatam que tiveram um contato com essas naves está aumentando geometricamente.

Os ÓVNIS de certas estrelas deixaram, nos últimos vinte anos, milhares de desenhos gigantescos e misteriosos em campos de trigo, conhecidos pelos seres humanos como "círculos das plantações". Esses desenhos, que aparecem em geral da noite para o dia nas planícies da Europa e da América do Sul, deixam as pessoas aturdidas, não só porque são elaborados e belos, mas porque consistem em complexos símbolos geométricos. Por causa do seu tamanho e características, é difícil para qualquer pessoa, até para aquelas que não aceitam a possibilidade de um mundo invisível, acreditar que os círculos das plantações foram criados por seres humanos.

Até agora, muitos tipos diferentes de provas e fenômenos sugerem a existência de um mundo além do material. Se as pessoas começarem a abrir um pouco a mente para a possibilidade de existir um mundo invisível, as suas crenças sobre o mundo material e o seu jeito de pensar centralizado na Terra e nos seres humanos logo virão abaixo.

Para preparar os seres para as festividades finais, as lembranças emocionais guardadas na aura das pessoas também começaram a ser liberadas por meio de experiências pessoais ou coletivas. A energia emocional dos indivíduos – gerada por sentimentos como tristeza, raiva, inveja, ciúme e ódio – vai se acumulando devido às várias experiências da vida. Se essa energia emocional for se acumulando sem que a pessoa tome providências para liberá-la, ela começa a se sentir ansiosa. Por essa razão, esse estado causado pelo acúmulo energético precisa ser resolvido em algum momento. A energia acumulada precisa ser eliminada e purificada não só da vida presente, mas também das passadas. Esse processo em geral pode ser concluído quando a pessoa volta a encontrar seres de vidas passadas e a passar por experiências contrárias às que vivenciou. Por meio desse processo cármico, a energia emocional acumulada numa vida é liberada.

Contudo, as portas da Terra material estão se cerrando e por isso a possibilidade de uma vida futura para a resolução do carma não existe. Por essa razão, a energia emocional acumulada foi recentemente expurgada de muitas pessoas de várias maneiras diferentes, tivessem elas consciência disso ou não. Essa energia pode ser expurgada por meio de experiências dolorosas com outras pessoas ou de vários altos e baixos emocionais.

A energia também pode ser expurgada por meio de um acontecimento coletivo. Por exemplo, uma pessoa que tenha sentimentos de amargura e tristeza pode liberar a energia ligada a esses sentimentos gritando numa passeata política ou jogando pedras nos policiais. As pessoas também podem liberar alguma energia emocional chorando, rindo ou gritando, enquanto assistem a uma competição esportiva num estádio ou um filme de cinema. Dessas maneiras, as nossas emoções são purificadas.

Nesse processo, a mídia de massa – inclusive o cinema – tem ajudado a expurgar a energia acumulada de muitas pessoas e a romper noções preconcebidas. Por exemplo, o filme *Matrix* fez uma alusão ao modo como a vida é planejada. Ajudando as pessoas a rasgar o véu que separa imaginação e realidade, os livros e filmes do Harry Potter também ajudaram a reduzir o impacto que resultará da ascensão do nosso planeta à quinta dimensão.

Os filmes da trilogia *O Senhor dos Anéis* dão um vislumbre da provação pela qual vai passar a espécie humana antes do advento da nova era e do reino unido de harmonia e prosperidade que surgirá posteriormente. Muitos filmes sobre desastres na Terra, como *Independence Day, Impacto Profundo, Armageddon* e *O Dia Depois de Amanhã*, alertaram as pessoas sobre as catástrofes pelas quais a Terra passará durante o seu processo de purificação. Também o filme *A Paixão de Cristo* sugeriu que este mundo não é controlado pelos seres humanos, mas tem um propósito específico no universo. Ele também nos obrigou a nos perguntarmos se seremos capazes de reconhecer um ser iluminado se ele surgir entre nós neste momento.

Os Últimos Dias da Terra

Todos os seres da Terra – seres humanos, animais e plantas – estão agora passando pelos seus últimos dias na Terra. Isso também se aplica aos seres que permanecerão na Terra depois da sua ascensão para a quinta dimensão, pois a Terra pentadimensional será um mundo completamente diferente do atual. Portanto, para todos os seres deste planeta, inclusive você e eu, não resta muito tempo na Terra material da terceira dimensão.

Antes de iniciar esta vida, todos passaram pelo processo de avaliação de experiências acumuladas e de planejamento da vida. Todos nós planejamos também como iríamos viver a experiência da Grande Mudança. Todos que têm um Eu Superior na quinta dimensão ou em dimensões mais elevadas e um Eu Subordinado na Terra, presenciarão a união entre esses dois seres em algum momento depois da Grande Mudança. De acordo com o que já foi planejado antes da vida, qualquer um que se elevar para a quinta dimensão poderá permanecer na Terra depois da Grande Mudança ou mudar-se para outro mundo do universo pentadimensional. Quanto aos seres com consciência inferior à quinta dimensão, já foi decidido que eles se mudarão para outros mundos compatíveis com a sua freqüência vibracional.

Uma vez que o curso de todos os seres já foi decidido, a festa de despedida, preparada pela cúpula do Projeto Gaia, já começou. Não é o tipo de festa em que todo mundo fica embriagado e tenta esquecer a própria vida. É uma festa em que todo mundo recupera memórias vagas sobre si mesmo e se prepara para a etapa final, quando todos têm a chance de acelerar o seu crescimento espiritual. Como o chão já começou a tremer e o tempo já perdeu os seus padrões de estabilidade, este momento tão precioso já chegou para os seres humanos, que sentem que algo está faltando. Todos os seres que até agora viveram na Terra, ao longo de muitas reencarnações, logo serão espalhados por toda a galáxia. O tempo da separação já começou. Independentemente do seu nível de consciência ou da sua missão, a maioria dos seres que vivem na Terra logo fará as malas e partirá numa longa viagem.

Quando chegar o momento da separação, as pessoas sentirão remorso por um instante e nesse momento se unirão à Origem do universo. Se fomos bons com os nossos semelhantes ou lhes causamos sofrimento, todos nós de uma maneira ou de outra representamos os nossos papéis no aprendizado mútuo, ajudando os outros a aprender. As pessoas que me trataram mal foram, na verdade, professores excelentes. Todos nos empenhamos arduamente para sermos professores uns dos outros, compartilhando bons e maus momentos, mas agora chegou a hora da separação de todos os seres. Ainda não conseguimos nos lembrar muito bem, mas no momento em que deixarmos o nosso corpo físico, nós nos lembraremos de tudo do passado e teremos saudade de tudo o que diz respeito à Terra. Acima de tudo, todos nós teremos despertado e percebido que originamos todos da mesma fonte.

Durante o tempo que nos resta na Terra, não importa o que aconteça a nós ou às pessoas à nossa volta, não devemos simplesmente olhar um fenômeno específico, mas observar a sua natureza intrínseca. Quando compreendermos o profundo significado do universo oculto por trás do fenômeno, tudo se reverterá em júbilo. O significado verdadeiro da Grande Mudança da Terra não é causar tristeza e dor por meio da derrocada do mundo material, mas fazer com que as pessoas que sentem essa tristeza e essa dor passem a sentir alegria e contentamento, e despertá-las para que compreendam que todos os seres se originaram da mesma fonte. O universo nos fará saber que não existe nenhuma razão para sentirmos ressentimento ou acusarmos ninguém – pois tudo o que nos acontece é resultado das nossas próprias escolhas. Esse autodespertar nos dará a chance de realizar um salto de consciência. Esse é o propósito da Grande Mudança da Terra.

Do Sofrimento à Bem-Aventurança

Alguns pesquisadores espirituais acham que os seres humanos são capazes de criar qualquer coisa com a mente, mas isso está muito longe de ser verdade. Não há ninguém que possa interromper, alterar ou adiar a Grande Mudança da Terra que está agora em curso. Ela não pode nem deve ser alterada. Todas as mudanças que estão ocorrendo agora são para o progresso de todo o universo e de todos os seres do universo.

Segundo uma pesquisa acadêmica que fiz certa vez sobre o mercado de ações, quando as condições são potencialmente desfavoráveis para o mercado de ações, elas só exercem uma forte influência enquanto não são reveladas. Com a mentalidade humana acontece algo semelhante. Não importa o quanto algo pareça insuportável antes que ocorra; quando isso acontece, ele passa a ser suportável. No entanto, quando as pessoas estão prevendo uma dificuldade ou não sabem bem se essa dificuldade vai de fato ocorrer ou não, elas sofrem muito. É mais difícil lidar com a incerteza do que com o que ocorre de fato.

O sofrimento do ser humano é causado, em parte, pelo materialismo. A Grande Mudança da Terra oferecerá uma experiência especial com relação a isso. Os seres humanos passarão pela experiência de perder tudo o que pensavam possuir, e conhecerão a verdadeira alegria de nada possuir. Quando as pessoas perceberem que elas, na verdade, não são donas de nada no mundo material, todos os seus medos e preocupações se desvanecerão e elas sentirão uma paz de espírito verdadeira, que não poderá ser perturbada por nada exterior. Não importa o que aconteça, as pessoas não sentirão mais medo.

Durante o período da Grande Mudança da Terra, os indivíduos descobrirão que certas coisas que costumavam achar natural não são mais naturais, e que as suas crenças mais arraigadas não estão mais corretas. Essa constatação abalará, é claro, as noções preconcebidas e o conhecimento existente, que até hoje se manifestaram com tanta força na vida humana. Os seres humanos agora abrirão a mente para todas as possibilidades novas. A consciência humana poderá se expandir graças à Grande Mudança precisamente dessa maneira.

Além disso, as pessoas que tiraram vantagem de outras em benefício próprio também passarão por um autodespertar. Elas aprenderão com a Grande Mudança que não podem mais fazer apenas o que querem e que elas estão tão indefesas quanto qualquer outra. É por meio desse autodespertar que as pessoas vão começar a sentir solidariedade umas pelas outras. Percebendo que vieram todas da mesma origem, elas recobrarão o sentimento de reverência e assombro pela Origem do universo e a sua ligação com ela se tornará concreta. Sob esse aspecto, a Grande Mudança desempenhará o papel de reconectar cada pessoa com a sua origem, da qual elas parecem há tanto tempo desligadas.

Se você está lendo este livro pela primeira vez, pode estar agora mais preocupado com o futuro e se sentindo mais ansioso ainda. No entanto, quando desenvolver uma compreensão maior acerca do seu conteúdo e aceitá-lo, a sua ansiedade aos poucos desaparecerá e a sua mente começará a sentir paz absoluta. Para alguém que entende a Terra, os seres humanos e o propósito da Grande Mudança, qualquer dor física ou dificuldade será suportável – na verdade, uma grande alegria. Esse é o verdadeiro despertar espiritual e a verdadeira iluminação, que trazem liberdade, bem-aventurança e paz de espírito. O verdadeiro conhecimento nos dá a verdadeira liberdade. Este livro foi escrito com essa intenção.

Antes de iniciar uma sessão prática na Terra, os seres precisam de uma orientação sobre o propósito da verdadeira prática e o que é necessário para conseguirem os melhores resultados com essa prática. De modo parecido, este livro proporciona a orientação necessária para todos os habitantes da Terra, à medida que nos preparamos para a Grande Mudança. Ou seja, com um entendimento claro deste livro, você se preparará totalmente para todos os acontecimentos vindouros – e poderá aproveitá-los, independentemente do seu nível de consciência. Quando chegar a hora, você deixará o corpo físico com muito mais coragem para conhecer um novo mundo.

A Mensagem Final

Este é o único manual que existe atualmente sobre a Grande Mudança da Terra. Trata-se do bê-á-bá para resolver as questões mais fundamentais da vida. Aqui estão todas as verdades básicas que as pessoas certamente precisam ler e entender.

Não compare este livro com nenhum outro ou com nenhuma escritura apresentada ao mundo até agora. Se você for um intelectual, dê um passo para trás e observe de certa distância o seu conhecimento acumulado. Se for religioso, dê um passo para trás e observe os seus dogmas religiosos. Depois, leia este livro. Quando fizer isso, você começará a perceber se o que você sabe ou acredita é verdadeiro ou não.

Se a leitura deste livro o deixou confuso, isso é muito natural e não tem nada de estranho. A confusão ocorreu simplesmente porque o conhecimento e as crenças com as quais você foi condicionado estão batendo de frente com o seu conhecimento interior. Essa confusão é inevitável, pois este livro estimulou o conhecimento verdadeiro que está guardado dentro de você e esse conhecimento revelado contradiz o seu conhecimento e as suas crenças aprendidas. O seu eu interior ou as lembranças registradas na sua aura sabem qual é a verdade. Ouça cuidadosamente a sua voz interior.

Se ainda ficar confuso, faça uma pausa e espere um pouco. Depois observe como a Terra está mudando e o que está acontecendo à sua volta. Mais cedo ou mais tarde, você passará a compreender a que este livro se refere.

Perguntas e Respostas

A seguir estão as perguntas mais freqüentes dos leitores, desde a publicação da versão em coreano de *Projeto Gaia 2012*, seguidas das minhas respostas.

P1: O seu livro afirma que muitas pessoas vão sofrer ou morrer em resultado de desastres naturais, caos social, guerras ou desastres misteriosos por volta do final de 2009. Isso é verdade? Se for, as nossas orações mais fervorosas podem fazer com que Deus nos livre desses acontecimentos? Se eles são inevitáveis, o senhor pode nos dar mais detalhes acerca do que acontecerá?

R: O que você faria se o mundo fosse acabar amanhã? *Projeto Gaia 2012* é um livro que foi escrito quando eu vivenciava um estado energético especial; é um livro cujas informações foram se tornando mais claras à medida que eu recebia vislumbres inspiradores. Será muito bom para você se refletir na razão por que fez essas perguntas. Se eu disser que é verdade, você vai acreditar em mim? O que fará se aceitar que é? E o que faria hoje se todos nós fôssemos morrer amanhã?

Não só as respostas às suas perguntas estão no livro, como também a resposta para o dilema "De que maneira deveremos viver?" Embora os leitores com um conhecimento mais superficial possam não encontrar as respostas, os mais atentos de certo encontrarão.

P2: O senhor disse que, enquanto estava escrevendo *Projeto Gaia 2012*, vivenciou um estado energético especial. Esse comentário me deixou a impressão de que, se o conteúdo deste livro se revelar falso, o senhor não aceitará nenhuma responsabilidade. Se for assim, eu acho que é irresponsabilidade sua decepcionar aqueles que simpatizam com as suas idéias sobre os planos do universo revelados na obra *Projeto Gaia 2012*. Se as suas afirmações se revelarem falsas, não será frustrante para muitas pessoas? Para responder às dúvidas e às perguntas que as pessoas possam ter, eu acho que o senhor precisa nos dizer mais sobre os acontecimentos e as mudanças específicas que ocorrerão no futuro, em vez de simplesmente dizer "Vamos esperar para ver".

R: Acho muito importante pensar sobre a responsabilidade. As pessoas gostam de usar a palavra "responsabilidade" e gostam de ouvi-la da boca das outras. Quando os políticos sublinham a "responsabilidade" e se comportam de acordo, eles são considerados confiáveis e idôneos. O mesmo acontece com os líderes religiosos. No entanto, assumir "responsabilidade" do ponto de vista físico pode ser possível para aqueles que só reconhecem o mundo material. Se você entender o verdadeiro significado da vida e da existência, saberá que não há como alguém assumir "responsabilidade" por alguma coisa. Eu posso dizer que, se um líder espiritual está falando em "responsabilidade", ou ele não conhece o verdadeiro sentido da vida ou está mal-intencionado. Ao ler *Projeto Gaia 2012* várias e várias vezes, você captará o que estou falando sobre responsabilidade agora.

Como eu sempre digo, você não precisa fazer um esforço para acreditar totalmente no *Projeto Gaia 2012*. Só aceite o que puder e aja de acordo. Se a pessoa acredita em parte no Projeto, deve viver de acordo com esse nível de aceitação. As pessoas que agem como se o aceitassem integralmente estão sendo desonestas. Esse fingimento não é correto. Como eu afirmo muito claramente no *Projeto Gaia 2012*, só você mesmo é responsável pela sua vida. Por favor, não se deixe enganar por um líder espiritual que se diz responsável pela sua vida espiritual.

O *Projeto Gaia 2012* descreve não só a Grande Mudança da Terra, mas também várias verdades sobre a vida e o universo de que nenhum outro livro do mundo trata. O mais importante para as pessoas agora não é saber o que vai acontecer ou quando. Em vez disso, elas devem abrir a mente e aceitar a possibilidade de os acontecimentos descritos neste livro ocorrerem de fato e se concentrar em cada momento da vida, percebendo a verdade, peça por peça.

P3: À medida que as pessoas descobrem mais sobre a Grande Mudança da Terra, algumas delas estão mudando os seus projetos de vida, cancelando os seus planos de migrar para outros países ou seguros de vida, por exemplo. Convém mudar os nossos planos de vida? Do ponto de vista do crescimento da consciência, não é melhor viver como planejávamos?

R: As suas perguntas demonstram preocupação com a seguinte questão: "Como devemos viver neste momento?" Como descrevi em *Projeto Gaia 2012*, só você mesmo é responsável pela sua vida. Se você tomar consciência de si mesmo e do futuro, e conseqüentemente der outro rumo à sua vida, pautando-se neste livro ou em minhas palestras, essa será uma verdadeira bênção para o universo. Se as pessoas à sua volta tentarem detê-lo, por causa das suas preocupações baseadas nas suas visões de mundo, será inútil. Por outro lado, pode haver pessoas que não tenham uma crença sólida ou compreensão do futuro, mas que usem o conteúdo do *Projeto Gaia 2012* como uma desculpa para fugir da realidade.

Viver a vida como planejado originalmente é a melhor opção, embora a maioria das pessoas não tenha uma idéia muito clara de quais são os seus planos de vida. Também não convém tentar adivinhá-los. Em vez disso, simplesmente aceite toda realidade que encontrar e concentre-se em cada momento da vida. Se o *Projeto Gaia 2012* exerceu alguma influência sobre você, não tente fingir que isso não é verdade nem exagere essa influência. É melhor que você só coloque em prática, na vida, aquilo que de fato fez sentido para você.

P4: Eu li que no céu há ÓVNIS vindos de estrelas tridimensionais assim como de mundos de dimensões mais elevadas. Mas por que eles não são visíveis? E também, o nível científico de outros mundos tridimensionais pode ser tão avançado a ponto de viajar muitos anos-luz e chegar à Terra?

R: A maioria das pessoas não consegue sentir a freqüência tridimensional do mundo não-material. Elas só percebem o mundo materializado. Como os ÓVNIS ou veículos espaciais costumam surgir num estado não-material, sejam eles da terceira dimensão ou de outras mais elevadas, não podemos captá-los com nenhum dos nossos cinco sentidos.

É incorreto presumir que um mundo de dimensão inferior tenha uma civilização de nível inferior também. Note que a civilização humana da Terra progrediu até o presente nível em poucos milhares de anos. Em *Projeto Gaia 2012*, são apresentadas muitas histórias surpreendentes. Se você tentar senti-las e refletir sobre elas profundamente enquanto fizer várias leituras do livro, a sua consciência se expandirá rapidamente.

P5: Eu não entendo por que os guias que distribuirão a energia terrena para outras estrelas precisam viajar em ÓVNIS ou veículos espaciais. Esses veículos não são desnecessários, já que eles não têm corpo físico e podem voar para outra estrela?

R: Os seres de cada estrela reorganizam os seus corpos energéticos para que eles possam se adaptar à freqüência dessa estrela no momento da entrada. Como a Terra não é exceção, todos os seres da Terra reorganizaram os seus corpos energéticos para que pudessem viver aqui sem nenhum equipamento especial. (Os seres da Terra mencionados anteriormente consistem em vários tipos de almas, inclusive os seres humanos, seres do mundo espiritual e *Shin-myeong* enviados pela cúpula do Projeto.)

Por outro lado, os seres terrenos precisam de equipamento especial quando estão no espaço sideral. Um desses equipamentos é o veículo espacial. Com eles, um ser pode permanecer no espaço sem ter de reorganizar o seu corpo energético; ele tem basicamente características não-materiais e se materializa se necessário.

Quando um ser de outra estrela visita a Terra, ele tem de usar um veículo espacial, pois seu corpo energético não está preparado para este ambiente. Além disso, os guias que vão distribuir a energia terrena em outras estrelas visitarão cada estrela depois que tiverem codificado a informação correspondente em seus corpos energéticos.

P6: O senhor disse que a Terra consiste num mundo tridimensional e num mundo espiritual da quarta dimensão. Eu gostaria de saber como um ser da segunda dimensão poderia existir nesses dois mundos.

R: No universo, seres da mesma dimensão geralmente vivem juntos. Quando necessário para o universo, no entanto, seres de dimensões diferentes podem conviver juntos. Por exemplo, embora Sirius, o centro administrativo do Projeto Gaia, seja uma estrela da sexta dimensão, seres de diversas dimensões podem se reunir lá a trabalho, por causa do equipamento disponível para ajuste entre dimensões.

A Terra se formou, a princípio, com o objetivo de desenvolver uma energia única que induz o crescimento da consciência de todo o universo e para nutrir a força imunológica energética. Por causa desse último propósito, a Terra estava aberta para todos os seres de todas as dimensões, de modo que eles pudessem viver juntos. Todas as criaturas vivas da Terra possuem um corpo energético ou aura especial que sustenta o corpo físico. Após a morte, no entanto, os corpos energéticos de todos os seres são reorganizados para assumir outras formas, para que eles possam ficar no mundo espiritual da quarta dimensão.

P7: O senhor disse que o teste cinesiológico usado para diferenciar verdadeiro e falso tem limites porque a mente humana pode influenciar os seus resultados. Um teste duplo-cego eliminaria a influência da subjetividade?

R: A informação espiritual, seja ela obtida por meio do teste cinesiológico ou de um dom espiritual, é filtrada pela mente. A mente serve como um espelho. Por isso, a informação espiritual só pode ser precisa se a pessoa tem uma mente absolutamente limpa, como se ela fosse uma superfície cristalina. Assim ela poderá refletir as coisas como elas são, sem distorcê-las. No caso da maioria das pessoas, a verdadeira imagem do objeto não se reflete perfeitamente, porque toda a superfície do espelho ou parte dela está nublada.

Por essas razões, é quase impossível esperar a total precisão do teste cinesiológico ou de métodos parecidos, mesmo que a pessoa medite para acalmar a mente antes do teste. Apesar da sua limitação, o teste cinesiológico ou as varinhas em L — usadas para detectar veios d'água subterrâneos – são métodos úteis para expandirmos a nossa compreensão do mundo energético.

P8: O Projeto Gaia seria mais bem-sucedido se mais pessoas passassem pela Grande Mudança da Terra com uma compreensão do verdadeiro significado do Projeto? Além disso, qual é a relação entre a energia da vacina e o crescimento da consciência de cada pessoa?

R: Todo mundo deveria ler e aprender sobre o verdadeiro significado do Projeto, descrito em detalhes no *Projeto Gaia 2012*. Se não souber o significado do Projeto, a pessoa perderá a oportunidade de expandir a sua consciência. Mas o sucesso do Projeto Gaia não depende do crescimento da consciência de cada pessoa. Ele já chegou na sua etapa final e ninguém mais pode detê-lo ou impedi-lo. Embora todos os seres da Terra tenham contribuído para a formação da vacina, eles não vieram à Terra pelo Projeto, mas para expandir a sua consciência por meio das experiências únicas deste planeta. É verdade que, embora essas experiências causadas pelas mudanças futuras sejam preciosas para o indivíduo, ele tem liberdade para recusá-las. Porém, é essencial que o maior número possível de pessoas saiba o real significado da Grande Mudança da Terra.

P9: Eu entendi que, ao longo da Grande Mudança da Terra, a maioria dos seres deixará o planeta e partirá para outras estrelas mais apropriadas em termos de dimensão e freqüência, porque eles não serão mais compatíveis com a freqüência da quinta dimensão. Membros de uma só família que pertençam a dimensões diferentes partirão também?
R: Todos os seres da Terra se encontram e se separam por causa do sistema reencarnatório, e a separação de membros da família durante o período da Grande Mudança não será diferente. Espero que você tenha oportunidade de se conhecer melhor por meio das perguntas que surgem na sua mente e perceba o quanto os seus pensamentos estão restritos ao mundo material.

P10: Eu sinto que não só outros grupos espirituais, mas também a comunidade do Projeto Gaia acreditam que muitas pessoas morrerão em decorrência de desastres naturais e esperam que essa crença se torne realidade. Essa atitude não é uma forma de idéia apocalíptica?
R: A Grande Mudança da Terra não representa o fim do mundo, mas o renascimento da Terra numa dimensão mais elevada. Durante essa

transformação, muitas pessoas perceberão que somos todos irmãos, pois temos a mesma origem. Para aqueles que sabem que os seres humanos são originalmente seres espirituais, a Grande Mudança da Terra pode ser reconhecida com sendo "uma bênção do universo", não uma catástrofe.

Alguns médiuns e grupos religiosos ou espirituais prevêem uma calamidade apocalíptica e afirmam que só eles podem "salvar" as pessoas. No entanto, eles parecem fazer essas afirmações para ter mais poder, para tirar proveito da mente preocupada das pessoas, pois eles não conhecem os fatos e significados da Grande Mudança da Terra.

P11: No livro *Projeto Gaia 2012*, comenta-se sobre os aspectos negativos das religiões existentes. No entanto, muitas pessoas concordam com alguns aspectos positivos dos preceitos religiosos. Por exemplo, essas crenças incentivam as pessoas a amar os seus semelhantes e zelar por eles e as levam a ter uma vida espiritual, em vez de estimular prazeres materialistas. Qual é a sua opinião sobre o assunto?

R: É verdade que muitas pessoas reconhecem os efeitos positivos das religiões na sociedade humana, e eu não sou totalmente contra elas. Contudo, vemos que esse reconhecimento das contribuições sociais das religiões é produto do pensamento materialista tridimensional. Alguns preceitos religiosos contribuíram muito para manter e resguardar a sociedade, mas não necessariamente para o crescimento espiritual.

Por exemplo, o foco dos preceitos religiosos sobre os indivíduos dá origem à hipocrisia das pessoas e a personalidades dúbias. A maioria dos dogmas religiosos baseia-se em afirmações de santos; portanto eles geralmente apontam o caminho que todos os seres devem seguir. O problema é que, em vez de as pessoas seguirem esses dogmas voluntariamente e com entusiasmo, os preceitos passam a restringir outros indivíduos e a impor restrições sociais sobre aqueles que não os seguem. Assim, por causa deles, uma personalidade dúbia – que mostra um conflito entre o que a pessoa pensa e o que ela fala ou faz – passa a ser, para a sociedade, uma virtude.

Além disso, podemos muitas vezes ouvir alguns devotos religiosos afirmando, por exemplo, que a prática constante desses dogmas é capaz de reduzir ou extinguir os desejos que se desviam deles. Aparentemente, é isso o que acontece. No entanto, na maioria das vezes, os desejos e esperanças dos devotos são simplesmente enterrados no subconsciente e não purgados, voltando a emergir na consciência na primeira oportunidade.

Lista de Leituras Recomendadas

Brennan, Barbara Ann. *Hands of Light* (Nova York: Bantam, 1993). [*Mãos de Luz*, publicado pela Editora Pensamento, SP, 1990.]

Capra, Fritjof. *The Web of Life: A New Scientific Understanding of Living Systems* (Nova York: Anchor, 1997). [*A Teia da Vida*, publicado pela Editora Cultrix, SP, 1997.]

Cerminara, Gina. *Many Lives, Many Loves* (Camarillo, CA: DeVorss & Company, 1981).

Clow, Barbara Hand. *The Pleiadian Agenda* (Santa Fe, NM: Bear & Company, 1995).

Emoto, Masaru. *The Hidden Messages in Water* (Hillsboro, OR: Beyond Words, 2004). [*Hado – Mensagens Ocultas na Água*, publicado pela Editora Pensamento, SP, 2006.]

Essene, Virginia e Sheldon Nidle. *You Are Becoming a Galactic Human* (Santa Clara, CA: S.E.E. Publishing Company, 1995).

Hancock, Graham. *Fingerprints of the Gods* (Nova York: Crown, 1995).

Hawkins, David R. *Power vs. Force: The Hidden Determinants of Human Behavior* (Carlsbad, CA: Hay House, 2002).

Jang, Hwee-Yong. *What We See Is Not the Only Truth* [em coreano] (Seoul, Coréia do Sul: Yang Moon Publishing, 2001).

Kerner, Dagny e Imre Kerner. *Der Ruf der Rose* [O Chamado da Rosa] (Colônia, Alemanha: Kiepenheuer & Witsch, 1994).

Montgomery, Ruth. *A World Beyond*, nova edição (Nova York: Fawcett, 1985).

Moody, Raymond A. *Coming Back: A Psychiatrist Explores Past Life Journeys* (Nova York: Bantam, 1991).

Morgan, Marlo. *Mutant Message Down Under* (Nova York: Perennial, 2004).

Newton, Michael. *Journey of Souls* (St. Paul, MN: Llewellyn, 1994).

Phylos, Orpheus e Virginia Essene. *Earth, the Cosmos, and You: Revelations by Archangel Michael* (Santa Clara, CA: S.E.E. Publishing, 1999).

Radin, Dean. *The Conscious Universe: The Scientific Truth of Psychic Phenomena* (Nova York: HarperEdge, 1997).

Redfield, James e Carol Adrienne. *The Celestine Prophecy: An Experiential Guide* (Nova York: Warner, 1995).

Spalding, Baird T. *Life and Teaching of the Masters of the Far East* (Camarillo, CA: DeVorss & Company: 1986). [*A Vida e os Ensinamentos dos Mestres do Oriente*, publicado pela Editora Pensamento, SP, 1996.]

Talbot, Michael. *The Holographic Universe* (Nova York: HarperCollins, 1991).

Targ, Russell e Jane Katra, *Miracles of Mind: Exploring Non-Local Consciousness and Spiritual Healing* (Novato, CA: New World Library, 1998).

Tolle, Eckhart. *The Power of Now: A Guide to Spiritual Enlightenment* (Novato, CA: New World Library, 1999).

Tomkins, Peter e Christopher Bird. *The Secret Life of Plants* (Nova York: Harper e Row, 1973).

Wambach, Helen. *Life Before Life* (Nova York: Bantam, 1982).

Weiss, Brian L. *Many Lives, Many Masters* (Nova York: Simon and Schuster, 1988).

Weiss, Brian L. *Messages from the Masters* (Nova York: Warner, 2000).

Whitton, Joel e Joe Fisher. *Life Between Life* (Garden City, NY: Doubleday, 1988).

Glossário

Auxiliadores: Seres humanos que apóiam os guias na Grande Mudança da Terra ou realizam atividades para a Grande Mudança. Eles não trabalham com dons espirituais especiais, mas lançam mão do seu talento acumulado, conhecimento e posição social de destaque. Alguns deles são líderes espirituais, curadores ou autores de livros campeões de vendas.

Bon-tae-geuk: O *tae-geuk* original, que veio de *mu-geuk*. Criou as cinco consciências da Origem.

Chakra: Principais centros energéticos do corpo humano, que ligam o corpo físico ao não-físico. Existem sete chakras principais que estão ligados às sete camadas dos corpos não-físicos (auras).

Consciência: A essência do ser. A faculdade de um ser que percebe o mundo e cria a partir dele.

Consciência da Origem, A: A Primeira Consciência do Universo: A consciência unificada ou integral do universo. Seres da décima dimensão, dos quais existem cinco. Esses seres Originais armazenam todas as informações do universo com as suas altíssimas freqüências.

Dimensão: Uma banda de freqüências vibratórias. O universo consiste em dez dimensões, da décima, com as freqüências mais elevadas, até a primeira dimensão, com as freqüências mais inferiores, que coexistem simultaneamente. Até na mesma dimensão ocorrem freqüências vibratórias diferentes, por isso uma freqüência pode ser classificada como uma dimensão e também como uma camada dentro de uma dimensão.

Eu Inferior: Ver Eu Superior.

Eu Subordinado: Ver Eu Superior.

Eu Superior: Ser original das dimensões mais elevadas, que às vezes gera uma duplicata de si mesmo com propósitos especiais. Nesses casos, o ser original é chamado de Eu Superior e a duplicata enviada à Terra ou à outra dimensão inferior é chamada de Eu Subordinado ou Eu Inferior.

Formas-pensamento: Corpos energéticos que são criados pelas mentes humanas e ativados com certos propósitos. A sua existência depende exclusivamente das mentes humanas. Quando os desejos das pessoas se tornam mais fortes ou quando mais pessoas participam de atividades que geram e nutrem formas-pensamento, a sua forma pode aumentar imensamente. Por outro lado, elas desaparecem quando deixam de ser nutridas pela mente humana. As formas-pensamento podem ou influenciar diretamente ou dominar os pensamentos das pessoas, por isso elas podem causar pensamentos ou comportamentos imprevistos.

Gaia: Outro nome da Terra, originário da mitologia grega, que designa a deusa Terra.

Gi: Energia metafísica presente em todas as coisas. Segundo a medicina oriental tradicional, a sua circulação desimpedida pelo corpo e o seu equilíbrio são considerados essenciais à saúde.

Guias: Seres com corpos físicos humanos, que revelarão a vontade da Origem durante a Grande Mudança da Terra. Eles cumprirão a sua missão por meio da manifestação de seus dons espirituais especiais.

Gyeokam Nam Sagoh: Famoso profeta coreano, que viveu no século 17.

Hwan-in: Título dos líderes teocráticos de Hwan-kook. Significa Deus. No total, existem sete Hwan-ins.

Hwan-kook: Nação espiritual que existiu na Ásia Central depois da queda da Lemúria. O termo significava, originalmente, "país na luz brilhante". Essa nação teocrática é conhecida por ter sido uma federação de doze países que nunca buscou a prosperidade material durante a sua longa história.

Hyeol: Ver *Kyeong-hyeol*.

Ilboo Kim Hang: Filósofo coreano do século 19. Insistindo na idéia de que a Nova Era havia chegado, ele criou um novo sistema filosófico que substituía o Livro das Mudanças.

Jeungsan Gang Il Soon: Santo coreano do final do século 19.

Kyeong-hyeol: *Gi* que circula constantemente pelo corpo humano na vertical e na horizontal. Enquanto *kyeong-rak* é a passagem dela, *hyeol*, ou *kyeong-hyeol*, é o ponto principal do *kyeong-rak*, perto da superfície da pele, onde ocorre a troca de energias entre o corpo físico e os extrafísicos. Na medicina tradicional do Oriente, especialmente na acupuntura, esses pontos são usados para resolver o fluxo bloqueado de *gi*. Pelo que se sabe, existem 14 *kyeong-raks* e trezentos e sessenta *kyeong-hyeols*.

Maitreya: Futuro Buda que, segundo o Budismo, renascerá num período de declínio para revigorar essa doutrina. Depois do seu renascimento, Maitreya conduzirá para o nirvana todos os seres ainda presos ao ciclo dos renascimentos. Seu culto surgiu, pela primeira vez, na Índia, por volta do século 3, e então se espalhou pela China, pela Coréia e pelo Japão.

Materialização: Processo em que as ondas de certas dimensões passam a apresentar também a natureza de partículas. Não só as ondas da terceira dimensão, mas também as de outras dimensões podem ser materializadas. Depois que um mundo energético é materializado, o mundo passa a ser reconhecido pelos cinco sentidos do corpo físico. Quando as ondas de dimensões inferiores são materializadas, a sua aparência fica mais sólida. O mundo materializado é apenas uma pequena fração de todo o universo.

Mu; Mooh: O eu subordinado da primeira consciência do universo, que conduziu os guias e outros seres do início da sociedade lemuriana. Junto com muitos guias e *Shin-myeongs*, esse ser da Origem conduzirá todos os seres da Terra para o salto espiritual, durante a Grande Mudança da Terra.

Mu-geuk: O caos do qual *tae-geuk* nasceu. Trata-se de um estado de vacuidade e vazio sem consciência, mas com o potencial de todas as concepções.

Shin-myeong: Seres de corpo energético que trabalham em prol da Grande Mudança da Terra. Eles despertam os guias e os preparam para cumprir a sua missão no tempo planejado. Também fazem vários trabalhos no mundo espiritual da Terra.

Sukh vati: Os Campos Elísios budistas, o paraíso.

Tae-geuk: O grande absoluto, a entidade do universo, e a origem de todas as coisas do universo. Trata-se do primeiro poder sistemático do universo. De acordo com a cosmogonia chinesa, ele deu à luz yin (o negativo) e yang (o positivo), e aos cinco elementos (ou seja, metal, madeira, água, fogo e terra).

Taeho Bokhi (Fu His): O primeiro imperador chinês da época legendária. Foi ele quem concebeu *mu-geuk*, *tae-geuk* e os oito trigramas que posteriormente foram usados no Livro das Mudanças (I Ching). Também é conhecido por ter ensinado às pessoas a cozinhar no fogo, a pescar com redes e a domesticar animais.

Vacina: Ingrediente especial que pode converter a energia da Terra numa energia customizada para cada estrela, fazendo com que a energia terrena se infiltre na energia de cada estrela. Para produzir a vacina, foi necessário que seres de todas as diferentes dimensões e de diferentes camadas vibratórias convivessem na Terra. Essa é uma das razões por que a Terra foi aberta para todos os seres do universo.